Quand surveiller c'est punir

Vers un au-delà de la justice pénale

Questions contemporaines

Collection dirigée par Jean-Paul Chagnollaud, Bruno Péquignot et Xavier Richet

Chômage, exclusion, globalisation… Jamais les « questions contemporaines » n'ont été aussi nombreuses et aussi complexes à appréhender. Le pari de la collection « Questions contemporaines » est d'offrir un espace de réflexion et de débat à tous ceux, chercheurs, militants ou praticiens, qui osent penser autrement, exprimer des idées neuves et ouvrir de nouvelles pistes à la réflexion collective.

Dernières parutions

Laureline FONTAINE (coord.), *Lire les constitutions*, 2019.

Guy VALLANCIEN, *À l'origine des sensations, des émotions et de la raison, J'aime donc je suis*, 2019.

Etienne BAKISSI, *Bien commun et démocratie pluraliste. Intérêt général et subsidiarité*, 2019.

Dominique GODARD, *Éthologie de la campagne présidentielle 2017*, 2019.

Christian JOUVENOT, *Macron, tombé du ciel !*, 2019.

Najwa EL HAÏTÉ, *Laïcité et République, Considérations sur la République Française*, 2019.

Joseph DIÉMÉ, *La répudiation du tribalisme sous l'ère Barack Hussein Obama*, 2019.

Pierre EGLOFF, *L'homme augmenté, l'homme diminué*, 2019.

Bruno PÉQUIGNOT (dir.), *Les industries culturelles et créatives dans la mondialisation*, 2019.

Etienne LEVESQUE, *Les impôts du bonheur, Pour une révolution fiscale écologique et européenne*, 2019.

Jean-François KESLER, *Les idées politiques et les partis en France, La force des idées, la logique des organisations*, 2019.

Jean-Claude ALBERIGO, Jacky GIRAL, *Pour une démocratie citoyenne*, 2018.

Claude GEOFFROY, La Chine, miroir de nos passions *Radiographie de la sinophilie et de la sinophobie,* 2018.

Xavier RAGAGE, *L'éthique d'Aristote appliquée aux entrepreneurs,* 2019.

Dominique RIVIÈRE

Quand surveiller c'est punir

Vers un au-delà de la justice pénale

L'Harmattan

5-7, rue de l'Ecole-Polytechnique, 75005 Paris

www.editions-harmattan.fr

ISBN : 978-2-343-17356-6
EAN : 9782343173566

À ma femme, mes enfants et petits-enfants.

Je remercie Natacha Waksman, médiatrice à « un deux tiers », pour l'aide apportée à la rédaction de ces lignes

Préambule

« Tu m'excuseras, Mohammed, de te tutoyer. Je ne tutoie pas les détenus, sauf demande de leur part. Mais tu es bien jeune, 21 ans, tu pourrais largement être mon fils, presque mon petit fils. C'est un peu pour toi que je rédige ces lignes.

Quand je t'ai vu entrer dans le cabinet médical du centre de détention, j'ai aperçu dans tes grands yeux sombres une misère que j'avais rarement vue.

Tu m'as dit que tu avais des cauchemars, et j'ai vu tes larmes. Avec René Char, j'ai pensé : « tes yeux seuls sont encore capables de pousser un cri ».

Tu m'as raconté un peu ta petite enfance difficile, dans un pays d'Afrique du Nord. Peu de souvenirs de tes parents restés là-bas. J'imagine volontiers que, si tu as fui plus tard, ce n'est pas parce qu'ils te donnaient trop de tendresse. Sans doute, comme la plupart, as-tu été battu « pour ton bien », selon l'expression. J'imagine que l'école n'était pas ton fort et que, de toute façon, il n'y avait pas d'autres perspectives que le chômage, la misère, la violence.

Je te crois volontiers quand tu dis que tu as commencé la prison lorsque tu as été surpris, vers 18 ans, à embrasser ton amie, jambes découvertes, sur la plage. Avec un peu de cannabis peut-être, dans certains pays, il n'en faut pas plus pour aller tâter des geôles. Tu ne savais pas que l'on peut appeler névrose cette crainte obsessionnelle de l'impur, de la sexualité, de la femme. Quand cette névrose est à l'échelle d'un pays entier, que tu aimes malgré tout, cela devient terrifiant.

Tu me racontes que tu as traversé la Méditerranée au péril de ta vie et, sachant le nombre de noyés chaque année entre les côtes africaines et les rivages européens, j'imagine un peu ton odyssée.

Arrivé dans un pays que tu croyais être celui de la liberté et des droits de l'homme, tu as vite réalisé que tu y étais indésirable. Quelques larcins alimentaires mineurs -sans papiers- après ton arrivée, te voilà dans une geôle française dont tu dis, avec un sourire empreint d'une infinie tristesse : « plutôt mieux que là-bas ; c'était très sale, très violent, le pouvoir des gangs terrible ».

Tu voilà, à l'âge où la plupart s'ouvrent, en pleine jeunesse, à l'amour, à l'apprentissage d'un métier, à la création d'une famille, dans les $9m^2$ réglementaires, dont les murs de béton gris suintent de partout la dépression, l'ennui, la violence.

Tu me racontes que la juge ne t'a pas écouté, et ce n'est même pas de sa faute, tu parles difficilement le français et, bien sûr, tu ne l'écris pas. Elle te condamne en des termes dont tu ne comprends pas un mot sur dix.

« Inch Allah », dis-tu ? « J'ai fait une bêtise, je paie ».

Je pense si fort que tu entends peut-être.

Qui doit payer ? Toi, dont l'avenir se résume à la prison en France, ou à l'expulsion là-bas pour une prison pire encore, dans ton pays où bien des riches gagnent mille fois plus que toi et te condamnent à la misère ?

Oh ! Je sais bien, je t'avoue, qu'il n'est pas agréable, et parfois très dur, de se faire dérober quelques sous ou, quand on est policier, se faire traiter de « fils de… » ou encore, cédant à la colère et à la force de tes muscles de 20 ans, se faire casser le nez ou taillader un bras, voire plus. Mais n'as-tu pas déjà payé, et largement ? Et payer, comme tu dis, sert à quoi ? Tu ignores tout de la tendresse, tu as peur du moindre texte écrit, qui t'est incompréhensible, tu ignores les mots paix, joie, beauté. En détention, tu seras « indigent » et l'administration pénitentiaire de donnera généreusement 20 euros par mois pour tes cigarettes, à moins que l'on ne te les vole. Car en prison on vole beaucoup. Tu auras peur de tout et de tous. Tu apprendras à te battre. Pour t'évader, on te donnera tous les médicaments psychotropes que tu veux, de telle sorte que, dans quelques années, tu ne puisses plus penser à quoi que ce soit. À moins que tu ne te suicides, ce qui est fréquent.

Mais tu n'es pas d'un naturel dépressif. Dommage pour toi. Tu aurais pu t'évader un soir, définitivement, avec ton drap, à la barre froide de ton lit métallique écaillé.

Tu répètes ce que tu as appris. Il faut payer sa dette à la société. Tu découvriras que ceux qui paient leur dette sont les plus pauvres -consolation, tu n'es pas seul-, les grands de ce monde qui sucent le continent d'où tu viens jusqu'à la moelle ne risquent rien. Tu découvriras, parce que tu n'as pas le choix, qu'on peut gagner un peu d'argent avec des drogues et d'autres détenus t'expliqueront. Tu apprendras à faire tes besoins naturels rapidement, en catimini, pour que personne ne puisse te voir par l'œilleton -tu as encore un peu de pudeur-, je te prescrirai des laxatifs si tu veux. Tu te méfieras de la plupart des détenus. Comme tu ne sais pas lire, tu pourras regarder la télévision toute la journée, et je te donnerai des cachets pour tes migraines. Perdant l'habitude de voir au loin, je pourrai même te prendre un rendez-vous chez l'ophtalmologiste. Pour les lunettes, il faudra te contenter du modèle militaire… N'ayant pas de quoi « cantiner »[1], tu te satisferas du régime commun aux indigents : à moins de 6 euros par jour tout compris, tu réaliseras que c'est mieux que mourir de faim. Les chats, en bas de ta cellule, mangeront les restes, mais tu n'auras pas le droit d'en faire rentrer un pour un peu de tendresse, même animale. Le règlement.

Si tu cèdes à la colère et te bagarres pour une cigarette, un joint ou un savon, tu iras croupir quelques jours au

[1] Acheter au marché interne au contre pénitentiaire, souvent à des prix supérieurs à ceux de l'extérieur.

« quartier ». Il y a toujours les $9m^2$ réglementaires, mais sans rien. Rassure-toi, tous n'y deviennent pas fous…

Courage, Mohammed. Que te dire ?

À bientôt. »

« L'homme préfère croire au néant
que ne pas croire »
Nietzsche

Introduction

On considère, et c'est heureux, que punir et frapper un enfant est non seulement inutile, mais dangereux et nuisible et, depuis peu, on se réjouit de ce que la fessée soit proscrite. Punir une personne âgée est une maltraitance et on a appris à traiter autrement que par la violence les débordements indésirables de nos ainés. Il faudra faire de même entre ces deux âges de la vie.

Je sors de prison et, comme à l'accoutumée, je cherche en vain comment on peut imaginer que ceux qui arrivent ici cassés par ce qu'ils ont pu vivre avant, puissent un jour sortir, comme par enchantement, doux, paisibles, respectueux des lois. À l'évidence, il y a toutes, absolument toutes les raisons, qu'ils sortent bien pire qu'avant. On se console en regardant les êtres d'exception qui s'en tirent. L'énorme majorité des gens quittent la prison cassés, dépressifs, haineux, ou tout simplement résolus à en découdre une bonne fois contre cette société qui ne leur a pas fait de cadeau.

Ces lignes ne sont pas destinées à faire « pleurer dans les chaumières » sur ces « pauvres-détenus-victimes-d'une-société-injuste ». Elles ont l'ambition de regarder autrement ce que Fassin appelle l'ombre du monde[2] et découvrir que

[2] Fassin D L'ombre du monde Essai poche 2017

chacun porte en lui-même la violence, la rébellion, la haine, la perversité, la capacité de nuire et qu'il n'y a qu'en nous-mêmes qu'il est possible d'œuvrer.

Au vrai, j'ai conscience de jouer les curés Meslier. Mais ces lignes ne sont pas destinées à être publiées post mortem. Ce brave curé, décrit comme doux et bienveillant par ses contemporains, a exercé son ministère au 18e siècle et, après sa mort, a été publié son testament[3], où il explique pourquoi il ne croit pas un mot de ce qu'il a enseigné en matière de religion, de foi, de théologie. En clair il exprime, lui le pieux abbé, son athéisme. Je fais de même avec un autre dieu. Celui auquel je ne crois pas s'appelle « Code pénal »[4]. Ses prêtres, vêtus de noir comme ce bon Meslier, s'appellent juges et procureurs, ou avocats généraux. Les acolytes et les thuriféraires sont les fonctionnaires de police, les gendarmes, les agents de sécurité. Ils ne portent pas cierges, croix et encensoirs, mais pistolets, « tasers » et menottes. Ses temples ne sont pas les églises, mais les tribunaux. On y célèbre les « liturgies pénales »[5]. Le peuple y croit aussi, profondément. Je veux faire de « l'athéologie » avec le système pénal comme Onfray l'a fait avec la religion chrétienne. Un privilège qui existe encore dans un pays démocratique. Je ne chercherai pas à heurter la foi de ceux qui sont persuadés du bien-fondé du système pénal. Qu'ils me pardonnent si je les déstabilise. Mais je peux attendre d'eux qu'ils respectent ma foi : celle qui consiste à imaginer - et espérer - qu'il puisse y avoir d'autres solutions que la violence pour gérer les conflits entre les hommes, et que l'utopie n'est pas de croire qu'il n'y ait plus de conflits, mais que la non-violence ait plus de poids que le recours à la force.

---

[3] Testament du curé Meslier Ed le rouge et le noir Paris 1939

[4] Il y a peu, un détenu m'a dit : « le juge a levé le code pénal en disant : « c'est ma bible ».

[5] Foucault M Surveiller et punir Gallimard 1975, p 58

Ce que l'on appelle punition, et qui n'est rien d'autre qu'une violence légitimée, est une pratique aussi ancienne que le monde. Punir est le fait de tous, à un degré ou à un autre, depuis toujours. Aucun philosophe, aucun historien, aucun spécialiste d'une science humaine quelconque n'a pas réfléchi sérieusement à la question. Médecin, j'ai conscience, en n'étant ni philosophe, ni psychologue, ni sociologue, ni anthropologue, de me mettre au départ d'une course fort longue, de rentrer dans une cour qui n'est peut-être pas la mienne. Tout n'a -t-il pas été dit sur la punition ? Comment pourrai-je avoir la prétention d'aller plus loin que Foucault, que Girard, que Kant, que n'importe quel penseur dont je ne peux suivre les traces que de très loin. Comment imaginer comprendre des travaux, sociologiques en particulier, extrêmement nombreux, dont je ne connais qu'une infime partie ? Dès lors, pourquoi ces lignes ?

Parce que j'ai gardé depuis longtemps la philosophie des marathoniens et de coureurs de grand fond : ce n'est pas parce que la route à suivre est très longue qu'il ne faut pas s'y engager. L'objectif n'est en aucun cas d'arriver premier, mais de participer, de mettre ses pieds dans les sentiers caillouteux et escarpés, sauvages, parfois « solitudes glacées » dont parle Nietzsche. Il faut, et j'en remercie l'auteur de « par-delà le bien et le mal » autant que celui de « la violence et le sacré », oser explorer des sentiers humains pas franchement agréables, risquer ses pas sur des routes somme toute assez glauques. Explorer en marathonien les sinistres caves du psychisme, pervers polymorphe dit-on, n'est pas aussi réjouissant que fouler les crêtes des puy cantaliens ou d'Auvergne ou des Pyrénées… Mais il en est ainsi des réalités humaines : des passages difficiles, des moments très durs.

Ces lignes sont aussi adressées à tous ceux qui se sentent concernés par la justice pénale, non pas tant les professionnels de la justice ou de l'administration pénitentiaire que les usagers : détenus, familles, proches. Mais au-delà de ce cercle somme toute restreint, n'importe qui est amené à se poser la question « pourquoi punir ? » et à subir, ou avoir subi, directement ou indirectement, les effets sociaux de la punition. À une centaine d'euros par jour le coût d'une journée de détention, le citoyen peut légitimement s'inquiéter du devenir de ses impôts.

On explorera donc la réalité non pas seulement des établissements carcéraux, mais de la punition, en regardant comme avec des yeux d'enfants qui demandent « pourquoi, comment ? ».

Si punir semble le cœur de bien des démarches éducatives, si aucun pouvoir ne conçoit de s'en défaire, si le plus petit despote, même domestique, en fait la base de ses relations, il faut admettre que ce n'est pas gratuit. Depuis tant et tant de générations que les hommes s'acharnent à se battre en autant « d'expéditions punitives » que sont les guerres, se jettent au visage toutes les punitions qu'ils sont capables de mettre au point, en ne s'interdisant aucune cruauté, se fatiguent à écrire codes pénaux sur codes pénaux et y passent pour certains leur vie, on doit bien admettre que les raisons de cette passion sont très profondes. Il n'est pas de textes anciens qui ne traitent des punitions sous toutes formes et, sans pouvoir embrasser une littérature particulièrement abondante, vient le moment où, naïvement, à la suite de Girard, Baker, Hulsman, Foucault, des non-violents que l'humanité admire, de bien des philosophes, penseurs, artistes, poètes, sages, mystiques, je ne peux moi aussi ne pas me poser la question : « pourquoi faudrait-il punir ? »

Il parait simple de définir la punition comme une vengeance légalisée, ou comme la ségrégation victimaire de populations pauvres, dans une perspective raciste, ou comme l'instrument d'un pouvoir dans une optique dialectique, ou encore la tentative d'expier et de faire expier par la souffrance rédemptrice une offense, ou comme la symbolisation de l'honneur à respecter coûte que coûte, ou encore comme un langage ou une discipline qu'il faudrait imposer, dans une idéologie totalisante, voire totalitaire. Le pénal transforme la souffrance en violence ; la parole transforme la violence en souffrance. Croire au punitif n'est pas le fait d'une perversion, d'une faute morale ou d'un quelconque sentiment sadique, c'est une erreur d'orientation du regard.

On verra que la vengeance est une réponse naturelle, mais nullement humaine, à une agression ou une offense. La violence différée - la vengeance et la punition - tient à ce que l'homme est un animal doué de mémoire.

Toutes les explications proposées par les sociologues, les philosophes, les théologiens sont pertinentes et je n'aurai pas la prétention d'y rajouter quoi que ce soit. Nonobstant, et parce que mon métier m'en donne l'occasion, je m'aventurerai, en clinicien, dans une phénoménologie du punir. J'en demande pardon à l'avance à Husserl et Merleau Ponty, ma phénoménologie restera celle d'un praticien de campagne, les pieds dans la terre et les mains dans la souffrance des gens que je côtoie chaque jour. Autant dire que je ne prétends pas me lancer dans une philosophie qui me dépasse. Mais écouter les personnes à longueur de journée dans le cadre carcéral dans lequel je passe de longues heures ne peut pas me laisser indifférent et m'ouvrir aux questions que les détenus me posent. Et, impertinents, ils interrogent non seulement sur le supposé « sens » de la punition, mais aussi sur ce qu'est le système pénal, ce que signifie le mot punir et, au fil des dialogues vient doucement, comme une évidence, la remise en cause la plus radicale : « Peut-on dépasser le système pénal ? »

Soyons très clair. Quand bien même ces lignes adhérent-elles aux théories de Louk Hulsman, quand bien même les diverses thèses dites « abolitionnistes » me semblent aller dans le bon sens, quand bien même aurai-je de l'admiration pour Baker, Wacquant, Fassin, Foucault et bien d'autres, j'aurai manqué mon objectif si l'on me range dans la catégorie des anarchistes n'ayant de cesse que de susciter des vocations de néo-révolutionnaires prompts à dynamiter les bastilles actuelles que sont nos établissements carcéraux[6].

L'ambition de ces lignes est de rester dans le cadre épistémologique le plus simple, j'oserais presque dire popperien. On posera la question « pourquoi punir » comme Newton se posait la question : « pourquoi la pomme tombe-t-elle ? » Et, dans cette perspective, on ne s'interdira aucune théorie, fût-elle politiquement ou sociologiquement incorrecte. Bien sûr, avant de proposer un au-delà du code pénal et, partant, de la prison qui en est le paradigme central, parce que le juge « pense prison », il faudra bien étudier l'essence du punir. Cette question du pourquoi punir n'est pas nouvelle et l'auteur de « surveiller et punir » en a fait une de ses interrogations de base. Mais il ne faut pas s'arrêter là, car on pourrait imaginer que la question soit « pourquoi faut-il *nécessairement* punir » ? Foucault a ouvert une brèche dans laquelle on peut s'engouffrer et aller jusqu'à jeter les bases conceptuelles d'une société où la punition - sous toutes formes - serait exclue.

L'abolition du système pénal sera envisagée exactement comme, dans les années 1975, l'arrivée des traitements médicamenteux de l'ulcère gastrique a rejeté dans les marges de la médecine les traitements chirurgicaux antérieurement en vigueur. Une théorie qui ambitionne un plus haut degré de verisimilitude, pour employer le concept de Karl Popper. Toute science commence par une question dit Bachelard. On ne fera néanmoins pas de pénologie ou de criminologie. Non que ce soit inutile, mais parce qu'il faut aller plus loin. Bien que ce soit très important, on n'étudiera pas les sociologies

---

[6] On ne rejettera pas pour autant les thèses anarchistes d'un Jacques Lesage De La Haye (La mort de l'asile. Ed du monde libertaire 2011), pour ne donner qu'un exemple de ce courant.

des populations punies par rapport aux autres, ou les relations de pouvoir symbolisées par les disciplines des corps ou son exposition, tel que Michel Foucault l'a écrit. Mais je m'appuierai sur ces travaux pour tenter une analyse du punir.

Il est tout à fait évident que la punition repose sur des représentations, des croyances, des théories qu'il serait absurde de mépriser. Si l'humanité punit depuis toujours avec une telle constance, c'est qu'elle a de bonnes raisons pour cela. On ne balaie pas une représentation d'un revers de main, et ceux qui punissent - tout le monde, ou presque - ne sont jamais, à priori, des pervers ou des sadiques. Posons d'ailleurs dès maintenant, en postulat, que c'est toujours « pour un bien » que l'on punit. Celui qui inflige à un enfant, un adulte, un groupe social voire un pays entier une punition, le fait toujours parce qu'il croit que c'est la meilleure, ou la moins mauvaise, solution. Aucun parent ne violente son enfant par plaisir, mais parce qu'il croit que c'est « pour son bien », comme l'écrit Miller.

Le milieu carcéral a ceci de particulier qu'il est un miroir grossissant de toute une société [7] ou, pour être plus précis celui de ses marginalités.[8] Ce n'est pas un hasard si la plupart des sociologues ont étudié ces réalités. Regarder ce qui s'y passe permet de porter un regard plus acéré non pas tant sur autrui que sur soi-même. On l'aura compris, ce livre se veut aussi un travail sur soi, car le clivage n'est pas entre l'autre, le méchant, et moi, mais entre moi, et, pour dire les choses avec poésie, de l'autre côté de moi.

L'objectif ne sera pas tant d'enfoncer un peu plus le clou planté par les abolitionnistes, que de réaliser que c'est d'abord soi même que l'on punit et que l'on met en prison. Il

---

[7] « Lieu paroxystique » selon l'expression de Faugeron in Béraud C et coll De la religion en prison Presses universitaires de Rennes 2016 P 114

[8] Bouagga Yasmine Humaniser la peine, Presse universitaire de Rennes, 2015 p 44

n'y a de punition sur autrui que si on l'admet d'abord pour soi. Les réalités concrètes des punitions sont très diverses et on étudiera les liens entre névrose et auto punition, en posant en postulat que le socle inavoué sur lequel repose la punition est d'abord la peur. C'est donc d'abord en soi même qu'il faut être abolitionniste, avant d'imaginer qu'une société puisse se passer de code pénal.

Pour mener à bien ce travail, il faut proposer quelques définitions.

La justice sera ici, « cet abord de face, dans le discours… justice qui bien ordonnée, commence par autrui »[9]

On désignera sous le terme générique prison l'espace que l'on crée en soi ou en dehors de soi pour y enfermer sous surveillance ce qui fait peur. Dans ces lignes, le mot prison désignera d'abord un lieu psychique, avant d'évoquer le bâtiment. On se met soi-même en prison et on réalise qu'il peut s'agir d'un idéal, voire une architecture[10] pour une vie sociale, dès lors que la peur est au cœur des relations. Ainsi, s'interdire une relation par crainte d'un engagement, d'un risque, refuser pour soi-même une activité, un projet, un plaisir même éventuellement constitue un processus d'emprisonnement.

On utilisera préférentiellement les termes d'établissement pénitentiaire, de geôle, de maison d'arrêt ou de centre de détention quand on fera allusion aux bâtiments construits pour y enfermer les gens qui, d'une manière ou d'une autre, provoquent une peur. Les bâtiments carcéraux sont le symbole qui exprime la croyance en une violence régalienne.[11] Punir, c'est encadrer ce qui fait peur. De ce

---

[9] Lévinas Emmanuel, Totalité et infini, Livre de poche 1990, p 64

[10] Tony Ferri développe ce thème « comportements sociaux et architecture » dans son livre : Emprisonner et surveiller » ed Bréal 2016 on lira en particulier le second chapitre.

[11] « Reconnaître la prison comme une violence institutionnelle nous semble être un préalable à toute réflexion sur les causes et les réponses

point de vue, tous les établissements pour peine du monde ont même raison d'être. Par souci de simplicité nous nous bornerons, dans ces lignes, à parler de ce qui se passe en France, conscients que l'on emprisonne beaucoup, dans les pays d'esclavage idéologique, pour le simple délit de pensée. Nonobstant, que l'on soit essentiellement puni parce que pauvre en Occident, ou ennemis de l'état dans les pays totalitaires ne changent rien au fait que le point de départ est la peur de l'autre, non en tant qu'autre, mais en tant que semblable. C'est d'abord le frère que l'on tue…

« Paradigme punitif »[12]. Il s'agit de l'ensemble des croyances, des représentations, des théories qui ont en commun l'acceptation de la punition comme mécanisme de régulation des différents entre les hommes. La punition est un processus très vaste, qui admet la légitimation de la violence. Il n'y a pas de punition sans imposition d'une souffrance à autrui. On peut se punir soi-même et, à la limite, il y a peu de différence, puisque se punir suppose que l'on admette de se faire une violence, comme réponse à un conflit. La punition n'est pas la colère, qui est une réaction immédiate et quasi physiologique à une agression, ou à ce qui apparait comme une agression. La punition se situe toujours dans une diachronie. Enfin, la punition n'est pas nécessairement la sanction.

On appellera juge ce qui, en nous, accuse. Il est donc possible de se juger soi-même, dès lors que l'on s'accuse. Le processus de jugement est d'abord un processus interne qui, éventuellement, s'exerce sur autrui. Dès lors qu'une société accepte que soit érigée en institution le fait d'accuser, elle emploie et forme des fonctionnaires à cette tâche. On les appellera magistrats.

» à apporter aux violences, affirmait le Syndicat national des directeurs pénitentiaires en 2010 » cité par OIP 31 1 2018

[12] Laure Anelli, dedans dehors n 97 oct 2017 p 21

Le surveillant est ce qui, en nous, cherche à limiter la liberté d'autrui. Quand une société accepte que quelques-uns de ses membres soient amputés de leur liberté, elle se donne des professionnels dont la tâche est d'interdire un certain nombre d'actions, de paroles, de mouvements. On nommera ces fonctionnaires personnels de l'administration pénitentiaire, ou geôliers, quoique le terme semble péjoratif.

En référence à Nietzsche[13], on appellera torture ce qui exprime le fait que l'on aime voir souffrir. Le mot aura donc un sens très large, et la moindre limitation de liberté pourra être considérée comme torture.

Dans ces lignes, le mot drogue aura un sens très général : un moyen d'évasion en fonction d'un désir. On ne fera pas de différence entre une drogue légale et une drogue illicite, pas plus qu'entre des addictions socialement admises ou rejetées. Toutes les drogues ont pour but de permettre l'expression d'une évasion. L'évasion est au cœur de la philosophie de Levinas[14]. On oserait presque dire que l'homme est évasion. Partant de cette philosophie, on admettra, en postulat, qu'il n'est pas possible de porter atteinte à la liberté d'autrui. En termes lévinassiens, on dira de la liberté qu'elle est un décentrement de soi, jusqu'à placer hors de soi l'ordre de raison. Dans ce champ, la liberté n'est pas réductible à une définition, ni ne peut être un attribut dont on pourrait, ou non, disposer. Il s'agit d'un donné « hors de soi », par conséquent inaliénable. Certes, et l'expérience quotidienne autant que toute l'histoire montre que l'homme a toujours cherché à exercer sur autrui une coercition. Mais cette coercition, qui souvent peut être

---

[13] On lira en particulier le chapitre 4, nos vertus, de Nietzsche, dans « Par-delà le bien et le mal » : « le fond de l'homme est cruauté, pourquoi ne pas le reconnaitre ? » ou « voir souffrir fait du bien, faire souffrir plus de bien encore » Généalogie de la morale Gallimard Folio Essai 1971 p 71

[14] Levinas, Emmanuel, De l'évasion, livre de poche 1998 et Carnets de captivité, Grasset 2009

insupportable, se révèle incapable de porter atteinte à l'autre en tant que qu'altérité, en tant que parole.

Il est parfaitement clair que toute violence est violence. J'entends par là que le fait qu'une violence soit légale ne change rien au fait qu'elle soit insupportable pour celui qui en est victime. Ce n'est pas parce qu'une action violente n'est pas perçue comme telle, ce n'est pas parce qu'elle parait légitime, ce n'est pas parce qu'on y consent, qu'elle disparait ou qu'elle n'est plus violente. « L'État est l'instance qui parvient à faire passer ses actions violentes pour non-violentes »[15]. Dès lors, on pourra appeler « séquestration légale » une incarcération. Regarder par l'œilleton un détenu dans sa cellule, à son insu, est un acte de voyeurisme[16]. Une « fouille à corps » est une agression à caractère sexuel, voire un viol. Acceptons à titre de postulat le fait que la constatation d'un acte répréhensible par un prince ne justifie en rien le fait que ce dernier, par le truchement d'un système, commette contre l'infracteur le même acte en retour. Le fait d'avoir en face de soi un meurtrier n'autorise pas, à priori, à en être un soi-même. Sauf à légitimer la vengeance - fondement du talion- ce que l'on contestera dans ces pages.

On aura l'ambition d'effectuer une sorte de rupture épistémologique. Remettre en cause le paradigme punitif sans idéologie, comme une hypothèse scientifique. Bien sûr, les sociologues nous aident dans cette tâche, eux qui disposent de chiffres et d'outils susceptibles de déstabiliser les représentations. Pourquoi les pauvres sont-ils l'écrasante majorité des détenus ?[17] Pourquoi les noirs américains sont-ils incarcérés dans des proportions et des caractéristiques qui

[15] La Gasnerie, Goeffroy , Juger, l'état pénal face à la sociologie, Fayard 2016 p 78

[16] C'est aussi un « instrument de gouvernement » Fassin,D, l'ombre du monde, Seuil 2015 p 234

[17] Wacquant, L, les prisons de la misère Raisons d'agir, 1999

rappellent les époques de l'esclavage[18] ? Pourquoi ce qu'il est convenu d'appeler la « guerre à la drogue » s'apparente-t-il à une persécution ? Pourquoi des crimes dans certaines régions et à certaines époques ne sont-ils pas punis, et des faits d'apparence très banaux sévèrement sanctionnés ? Pourquoi les proches des punis subissent-ils la même peine, alors qu'ils sont à priori innocents ? Pourquoi continue-t-on à punir, alors que la récidive est extrêmement élevée ? Comment imaginer que celui qui, déjà en grande difficulté d'insertion avant l'incarcération, puisse ne pas l'être encore davantage après un séjour totalement hors société, où il aura, dans un ennui morbide, ruminé longuement toute sa haine d'un monde dont il se sent étranger et dont il refuse les règles ? Comment faire admettre la loi -à supposer qu'elle soit juste en tout lieu et en tout point- à celui qui ne sait ni lire ni écrire, à celui dont certaines facultés cognitives sont celles d'enfants de collège, voire d'école primaire, ou tout simplement à l'étranger qui ne connait ni les coutumes ni la langue ? Quel peut être le « sens » de la punition pour le malade psychiatrique ?

Toutes ces interrogations ne peuvent pas ne pas remettre en cause ce qui apparait comme le « bon sens » commun : le code pénal est là pour protéger le citoyen, faire admettre à l'infracteur qu'il part dans une mauvaise direction, le réinsérer, et lui faire comprendre la démarche par une violence qu'il intériorisera, dans le meilleur des cas, comme bénéfique.

Si la punition servait à quelque chose, depuis le temps que les hommes se punissent mutuellement, à quelle hauteur de vertu et de paix l'humanité serait-elle parvenue ? Force est d'admettre que l'homme croit dur comme fer qu'il « faut punir », que c'est un mal pour un bien, que la fin justifie les moyens. C'est parce que le paradigme punitif est croyance qu'il est très difficile non seulement de changer de point de

[18] Alexander, Michele, la couleur de la justice Syllepse, 2017

vue, mais tout simplement d'imaginer qu'il puisse y avoir d'autres principes.

Pourtant, il existe des sociétés, des groupes, des communautés où la régulation des différents exclue la violence : les milieux de la petite enfance, les institutions de soins, les maisons de retraite qui sont comme les monastères laïcs pour les ainés[19]. Qu'est-ce qui interdirait que l'on étende à toute la société ce qui se fait aux âges extrêmes de la vie ? Le fait que les tout petits enfants n'aient pas leur raison et les très vieux ne l'aient plus, faisant des fonctions cognitives de l'adulte le socle du paradigme punitif ? Mais la réflexion psychiatrique autant que gériatrique, sans compter la philosophie et la psychologie, sait bien que rien n'est plus instable que la raison, et qu'il suffit d'un rien pour que ce qui apparait stable ne le soit plus. Ces quelques lignes ont l'ambition d'étendre à tout âge de la vie ce qui est admis aux extrêmes. Punir un vieux est de la maltraitance, battre un enfant aussi.[20] Il faudra faire de même entre les deux âges…

Les anthropologues et les philosophes peuvent aider le soignant. Aborder la question de la punition en soignant peut paraitre incongru, puisque les personnes châtiées ne sont pas, et loin de là, des malades. Nonobstant, on considérera que tout ce que l'on appelle crime, infraction ou délit correspond à une souffrance : jalousie, règlement de compte, pulsion, passion, honneur, volonté. Tous les sentiments, extrêmement variables, qui se concrétisent dans un acte qu'une justice

---

[19] Rivière, D Sur l'autre rive de la vieillesse Eres 2017 p 164

[20] On ne peut, ici, que souligner l'excellent travail de O Maurel : « la violence éducative, un trou noir dans les sciences humaines » L'instant présent 2012 2015, où il montre que la violence éducative est une source majeure de violence dans le monde adulte -si ce n'est la seule- et qu'il importe de rompre avec les concepts dangereux hérités de siècles de philosophie, qui font de l'enfant un « pervers polymorphe » et non un être doué de prodigieuses capacités de relations, pourvue qu'elles ne soient pas brisées par une éducation violente.

réprouve correspond à une modalité d'expression, un langage en définitive. En ce sens, si ce langage est violence, délinquance, violation de lois, c'est -et j'admets le postulat- une modalité particulière d'ajustement entre les hommes. Ainsi, le criminel cherchera à s'inscrire dans un groupe, même au prix d'une violation grave de la loi, même si le groupe n'est pas celui espéré par le reste de la société, même au prix de sa propre vie comme on le voit dans ce que l'on appelle le terrorisme radical. René Girard a bien montré qu'aucune violence n'est gratuite, qu'il y a toujours, dans tout processus punitif, quelque chose de l'ordre du sacrifice dont l'objectif est la mise à part de toute violence. Le sacrifice, ou d'une manière plus générale toute violence ritualisée et légalisée, apparait comme le traitement social d'une crise. En ce sens, on pourrait parler de « maladie » sociale tout acte qui tend à altérer les relations interhumaines.

Mais on s'aperçoit vite que le paradigme punitif ne s'exerce pas seulement sur des actes violents, et de loin. Les établissements carcéraux sont peuplés de gens qui n'ont pas commis le moindre acte agressif sur qui que ce soit. On trouve dans les geôles les personnes en révocation de sursis qui n'ont rien fait d'autre que ne pas s'être rendu à une convocation du magistrat, ou ceux qui, sans léser quiconque, conduisent sans permis, ou ceux, dans bien des pays, qui ne commettent d'autre « crime » que celui de ne pas penser comme le prince, ou encore ceux qui s'occupent de commerce illicite. Sous nos climats, on reste persuadé que la prison est peuplée d'individus violents. À travers le monde, la majorité des détenus ne sont pas des « violents », mais des personnes qui se sont mises en désaccord avec un pouvoir ; dans bien des pays, celui qui émet une opinion différente de celle du prince est un terroriste et est puni comme tel. On ne fera donc pas de différence entre détenu politique et détenu de droit commun : le paradigme punitif est insupportable pour l'un comme pour l'autre. Seuls diffèrent les regards portés sur les personnes. Le rescapé des camps d'un pays totalitaire pourra être un héros dans son milieu, tandis que le meurtrier restera un paria. Mais la réalité de la punition demeure.

À quelles conditions le dépassement du paradigme punitif serait-il possible ?

On n'étudiera pas les implications économiques non négligeables[21]. Foucault avait magistralement mis en évidence les liens entre possession des corps sous l'ancien régime et discipline de ces mêmes corps à l'époque moderne, dans une perspective dialectique particulièrement claire. Le prince ne peut se passer d'un moyen d'asseoir son pouvoir. L'avènement exponentiel des techniques de surveillance, que Foucault ne pouvait imaginer, lui donne amplement raison, à tel point que l'on ne dira même plus « surveiller et punir », mais « surveiller, c'est punir ». Relire les écrits foucaldiens trente ou quarante ans après est très révélateur : le panoptique s'est multiplié à l'infini, et tel l'œil de Sauron dans l'œuvre de Tolkien, s'est atomisé. Chaque individu se sent la capacité, en surveillant autrui, d'en être éventuellement le juge. Dieu n'est plus au ciel dans notre société athée, il est « dans la tombe » et regarde Cain par la caméra de vidéosurveillance. Hugo annonce la société de surveillance, matérialiste et désenchantée.

On ne s'étonnera pas que je fasse une différence majeure entre surveillance et « veillance-sur » en acceptant le néologisme. Le surveillant regarde de biais, par derrière, le veillant-sur reste dans le face à face.

[21] Christie, Nils, l'industrie de la punition, Autrement 2003

1- Analytique et exégèse du punir

Dans toute punition existe une dimension de peine. Punir ou se punir consiste à infliger à soi-même ou à autrui un acte dont on attend une douleur. Cette douleur est censée annuler, ou expier, ou éliminer une blessure antérieure. Certes, le plus souvent et peut-être même toujours, cette douleur est vécue comme un moindre mal. La torture infligée est considérée comme la seule solution. « Pas d'omelette sans casser d'œufs ». Mais, disait Arendt, les œufs se rebiffent[22]. Dans le voir souffrir se loge l'espérance que la violence sera canalisée, circonscrite, voire éliminée. Personne n'aime souffrir, mais la souffrance et les supplices exposés ont toujours été vécus comme la seule solution pour s'en défaire. Quand quelqu'un se scarifie, voit son sang couler, il éprouve, avant les désavantages ultérieurs, une sorte de jouissance, qui va au-delà même de la douleur. Cette punition, car c'en est une, est la tentative que l'on dirait névrotique de placer dans un lieu psychique - ici symbolisé par le sang - toutes les angoisses, les peurs et les anciennes blessures. « Le goût de punir, on le verra plus loin, est souvent fort trouble : humilier, dompter, frapper un être fragile, le réduire au silence ou à l'immobilité, ces jeux cruels sont savourés par plus de bonnes âmes qu'on ne croit »[23].

Il y a une grande différence entre la punition et la colère, ou la défense contre un danger. Celui qui punit le fait

---

[22] Arendt , Hannah, *La philosophie de l'existence et autres essais*, « *Les œufs se rebiffent* » 1950,
Ed Payot, 2000

[23] MOUNIER, E *Traité du caractère.*, Seuil 1946, p. 99.

toujours à distance. « Plat qui se mange froid ». Un magistrat fait toujours ressortir les faits pour lesquels on accuse un individu des jours voire, le plus souvent, des mois ou des années après. La punition est toujours dans la diachronie, ce n'est pas une colère. D'où une première notion fondamentale : le paradigme punitif, compte tenu du délai avec lequel il s'applique, est nécessairement en dehors de la réalité, et se situe du côté de l'idée. Raison pour laquelle un magistrat pourra châtier un individu longtemps après les faits, même s'il n'en a plus beaucoup de souvenirs précis, et s'il a profondément modifié sa conduite. L'idée est du côté de la loi qui a l'ambition d'être éternelle et immuable. Or rien n'est plus faux et ce qui légal ici et maintenant ne l'est plus ailleurs et à un autre moment. La loi dit le permis et le défendu, non le bien et le mal, à supposer que tous adhèrent à un idéalisme qui semble révolu. Ainsi, à imaginer que, demain, le commerce du cannabis soit déjudiciarisé (ce qui est tout à fait possible puisque bien des pays l'ont fait), des milliers de détenus seraient ipso facto blanchis. On imagine mal quels seraient leurs sentiments à l'égard d'une justice qui leur auraient fait payer cher des infractions qui n'en seraient plus. Même à supposer qu'un tel processus se fasse progressivement, le ressentiment serait important chez ceux qui ont déjà purgé la peine.

Inversement, plus le châtiment se rapproche temporellement de l'acte et plus il tend à se confondre avec la vengeance ou la simple expression de la colère, de la rancune, ou de la défense. C'est pour éviter une justice qui s'apparenterait au lynchage légalisé que les tribunaux acceptent le laps de temps entre l'acte et le jugement. J'admets que l'on puisse voir là une sorte de progrès, qui permettrait de limiter les débordements inhérents aux lynchages.

Cette évolution a été imagée par Hergé, dans Tintin en Amérique, au passage où un vol avec meurtre a été commis :

« on a immédiatement pendu sept nègres, mais le coupable s'est enfui »[24] dit le banquier volé, s'inscrivant dans une dialectique sacrificielle typique. Sept est, d'ailleurs, le nombre parfait, exprimant la plénitude. Puis la dynamique du lynchage s'applique sur le prétendu coupable, Tintin, qui s'enfuit in extrémis de la branche où il va être pendu par la foule en colère. Le représentant de la justice, le shérif, à ce stade de gestion de la violence, est encore impuissant. Il est montré alcoolique dans l'album, signifiant son incapacité à démêler le vrai du faux. Mais est-ce possible de juger ? N'est-ce pas folie que de chercher à punir ? À la fin de l'album, les bandits, au nombre de 355, sont arrêtés et Tintin est acclamé dans les rues de New York. Hergé reste dans le paradigme punitif, mais on comprend l'évolution entre un Ouest « sans foi ni loi » et une société où le système pénal a toute sa place. Au début de l'histoire, la foule suit les bandits, Al Capone en tête, à la fin, elle suit Tintin, qui a délivré Chicago de la pègre. Faut-il voir dans ce revirement ce que Tocqueville avait décrit un siècle avant : « Aux États-Unis, l'omnipotence de la majorité, en même temps qu'elle favorise le despotisme légal du législateur, favorise aussi l'arbitraire du magistrat » ? [25]

Dans l'acte même du punir, il y a le projet d'infliger une peine. Admettre le paradigme punitif, c'est admettre le droit, dans un cadre précis, de faire du mal à autrui, d'accepter d'infliger un tourment, un supplice, une torture. C'est celui qui punit qui, toujours, se donne le droit de fixer le cadre dans lequel il punira. Juge et partie. C'est le père de famille qui détermine les raisons qui l'autorise à frapper son enfant. Même s'il a du mal à le reconnaitre, celui qui punit -ou se punit- illustre « qu'à chacun de nous, la violence est familière, comme une crainte et un désir ».

---

[24] Hergé Tintin en Amérique Casterman 1958 p 34

[25] Tocqueville A, De la démocratie en Amérique, Folio histoire Gallimard 1961-1986 p 380

Il faut admettre que ce « désir de punir » rentre dans un cadre de pouvoir avant d'être une éducation, une réadaptation, une réparation ou une rédemption. Simone Weil disait : « Tout groupe humain qui exerce une puissance l'exerce, non pas de manière à rendre heureux ceux qui y sont soumis, mais de manière à accroitre cette puissance ; c'est là une question de vie ou de mort pour n'importe quelle domination ».[26] Dans bien des civilisations, on punit ainsi les cadavres, les végétaux, les objets. En 480 avant notre ère, Xerxès fait fouetter la mer après un naufrage, raconte Lévy… et l'enfant casse son jouet quand il est en souffrance !

Il y a une jouissance dans le fait de punir. Ainsi cette patiente plusieurs fois hospitalisée en psychiatrie qui, régulièrement, se tailladait les veines et, devant la vision du sang couler disait : « cela m'a fait du bien ». Comment accepter que punir fasse du bien ? S'infliger une souffrance, ou en infliger à autrui est une tentative pour définir la blessure ancienne : il importe plus que tout que la faute initiale soit cachée, enfouie. Pour cela il faut qu'il y ait coercition sur n'importe quel comportement qui pourrait, symboliquement, rappeler l'erreur, le faux pas ancien. Pewner, en parlant de névrose obsessionnelle et de mélancolie, dit que « tous deux cherchent inlassablement à se punir d'une faute qu'ils situent au niveau de l'intention elle-même »[27]. Une fois puni, le coupable se trouve comme soulagé. « Il faut bien payer », disent beaucoup de détenus. Dans cette punition, il apparait que ce qui est puni n'est pas tant le dommage lui-même qui, bien souvent en matière de justice pénale, n'est pas forcément majeur, mais le symbole. Celui qui punit se rend « digne » d'un père qui, d'une manière ou d'une autre, l'a un jour écrasé. L'enfant battu qui, un jour, se livre à une violence, fait corps, obéit à cette

---

[26] Weill S Oppression et liberté Gallimard 1955 chap 1
[27] Pewzner E L'homme coupable, O Jacob 1996, en introduction

injonction violente qu'on lui a faite. Il devient père en battant à son tour. La justice pénale transforme la souffrance en violence. Seule, la parole transforme la violence en souffrance.[28]

Ni le juge ni le magistrat ne sont pervers ou sadiques. Le magistrat cherche même à ce que le coupable acquiesce (ce qui est explicitement demandé lors des comparutions immédiates) pour qu'ensemble, ils puissent jouir d'une paix, qui se révèle plutôt armistice. « Justice est faite ». La punition est jouissance en ce sens qu'elle est rappel. Et on ne peut se retrouver que dans une expérience antérieure, fût-elle difficile. Comment expliquer autrement, dans les troubles compulsifs, cette frénésie à répéter des gestes qui plongent le patient dans une véritable prison intérieure. Il y a des agoraphobes qui ne sortent plus de chez eux et qui, par le fait même, s'emprisonnent. J'ai vu un patient, ancien toxicomane et incarcéré pour ce motif, se renfermer chez lui des années après, volets fermés, toute la journée, « comme en prison », disait-il. Jouissance ne veut pas nécessairement dire plaisir, mais d'abord impossibilité de faire autrement. « Frisson même du moi » dit Lévinas[29] qui fait de la jouissance la modalité principale du dépassement de l'être. Et, dans la culpabilité, l'être est insupportable. Punir est la tentative la plus naturelle. Mais cette nature, sans jouer sur les mots, n'est pas essence. L'essence est ouverture et sociabilité. Avant que l'homme soit « naturellement » violent, il a été enfant, et petit enfant. Le nouveau-né n'est pas forcément, comme le dira Roudinesco en parlant des hommes : « habité par le crime, le sexe, la transgression, la folie, la négativité, la

---

[28] Diverses études montrent que tout enfant battu ne devient pas nécessairement violent plus tard. Mais le lien semble néanmoins réel. Voir : Lopez, G la victimologie, Dalloz, 2014 chap 8 section 3. « Ces études indiquent également que la maltraitance infantile constitue un problème de santé publique qui n'est pas suffisamment pris en compte » p 107

[29] Levinas E Totalité en infini Paris le livre de poche 1971 section 2

passion, l'égarement ».[30] Ce n'est peut-être pas tant l'enfant qui est « pervers polymorphe » que l'adulte qui le croit. Et pourquoi l'est-il si ce n'est parce que cela lui a été répété à l'envi. On considérera que la violence n'est pas innée, bien au contraire, et que l'enfant ne demande qu'à croitre dans ses dispositions naturelles d'attachement, d'imitation et d'empathie[31]. Le moi de la jouissance n'est ni biologique ni sociologique. On ne comprend pas l'essence de la punition tant que l'on s'en tient à des considérations moralisatrices, ou à des représentations axiologiques : c'est bien, c'est mal. « Comme on exulte au partage du butin »[32]

Devant la punition infligée par la divinité au peuple -ou aux ennemis- le premier sentiment exprimé est la joie. À la lecture d'un verdict, et pour peu que le jugement ait été sévère, les parties civiles exultent. Non par perversité, mais parce qu'il y a jouissance de la vie : la violence, c'est l'autre, ou c'est une seule partie de moi sur laquelle j'ai pouvoir. Faire de la morale est l'œuvre de gens tristes. Et le malade névrosé -triste- se livre sans cesse à des rituels qui lui permettent de rester en vie. Vie captive peut-être, mais néanmoins vie. On verra que le bâtiment carcéral a au moins une caractéristique, il est triste et laid.

Exulter à la prononciation d'un verdict est une joie sauvage, celle de la tentation du pouvoir : comme si le moi pouvait contenir ce que Freud appelle le ça. Les pulsions, les sous-sols hantés du psychisme, les « chiens sauvages » seraient enfin maitrisés par la violence, dont la violence éducative est le parangon. Mais c'est illusion. Ou plutôt, c'est la réalité, celle des rapports de force. Mais « la volonté d'augmenter est l'essence même de la joie ».[33] Dans l'acte de punir se loge l'effort pour augmenter sa puissance, et Hannah

[30] Cité par Maurel la violence éducative L'instant présent 2012 p 60
[31] Ibid p 91, citant Bowlby
[32] Livre d'Isaïe 9 1
[33] Nietzsche, La volonté de puissance le livre de poche 1991 p 101

Arendt le dira avec une grande clarté : l'autorité est fondamentalement la recherche d'une augmentation[34]. On comprend déjà pourquoi l'éducation a fait -et fait toujours- une large place à la punition ; elle se cherche une assise de plus en plus grande. Mais la puissance dont parle Nietzsche est-elle vraiment force et coercition ? La valeur de l'acte est dans ce qu'elle a de non intentionnelle, autrement dit, selon la seule nature -comment en serait-il autrement ? - qui est vie. Le risque est très grand de confondre coercition - contrainte en fonction d'une morale- et autorité. La vie qui s'exprime par-delà le bien et le mal, celle du nouveau-né, n'est qu'autorité. Rien de coercitif. Pourquoi est-il si facile de confondre autorité et coercition ? Sans doute parce que, dans la réalité, les deux concepts semblent illimités et se manifestent sous des modalités de force. Mais la force de vie est-elle de même nature que la force de contrainte ? La force de la vie est amorale, la contrainte et la punition sont raisonnables, en fonction d'une idée de bien ou de mal, dont Nietzsche dira que c'est la pire invention, et on sait ce qu'il pense de Kant.[35] Tenir quelque chose pour vrai, c'est croire[36]. Et tout juge est persuadé que la loi est vraie.

Il y a rapport de force dès qu'un individu se sent menacé. Que la menace soit endogène ou extérieure ne change rien. Et la menace existe sans cesse dans la nature, elle est même violence fondamentale[37], dès le premier instant de la vie.

Le paradigme punitif plonge ses racines dans une réalité dont il est presque impossible de ne pas être esclave, mais dont toute la vie sera une tentative d'évasion. Au-delà des sens qui apparaissent en fait pour ce qu'ils sont, une fumée. Rien n'est plus instable que la sensation, et même la raison

---

[34] Auctor,oris : celui qui augmente, qui fait avancer (dictionnaire Gaffiot)

[35] Voir le chapitre III de « Par-delà bien et mal »

[36] Nietzsche la volonté de puissance le livre de poche p 58

[37] Bergeret La violence fondamentale Dunod 2014

qui en est une projection[38]. Un jour, la raison, la sensation et la mémoire passeront, et ce parfois bien vite. C'est ce que nous apprennent nos ainés, eux qui vivent la perte de mémoire et de raison, perte qui arrive sans prévenir, comme on le voit quotidiennement dans les accidents vasculaires cérébraux. Ceux que l'on appelle les « déments » nous disent, à nous autres jeunes : « c'est vous qui êtes fous de vous battre pour des idées, de vous entretuer pour une morale, de vous faire souffrir les uns les autres au nom d'une loi. Que l'un de vous bouche une artère de son cerveau, que quelques cellules se chargent un peu trop en substance délétère, que le taux d'un neurotransmetteur soit un tant soit peu altéré et tout, absolument tout ce pour quoi vous avez lutté sera envolé, perdu, anéanti. La loi, que vous l'appeliez Bible, Coran, Code pénal, Torah ou Constitution, vous l'aurez oublié, vous n'en retiendrez pas une lettre. »[39]

On l'aura bien compris, la punition, en s'appuyant sur une peur légitimée, celle de perdre un pouvoir, ne repose en fait que sur une chimère.

Mais cette peur est on ne peut plus naturelle. Dès le plus jeune âge, l'enfant craint pour sa sécurité, le petit a peur de perdre l'amour de sa mère, d'être broyé par toute sorte d'angoisse et, non seulement cette angoisse est constante, mais il est confronté dès le plus jeune âge au désir, qui reste très largement dépendant de ce qu'il découvre autour de lui. Il y aura très vite conflit entre son désir et celui qu'il perçoit, et il en concevra très rapidement une violence. René Girard a parfaitement bien décrit cette violence mimétique, qui se révèle dans les angoisses anciennes que décrivent les mythes, ceux-ci ayant pour fonction d'occulter la vérité, qui est un

---

[38] Voir le chapitre « de la déduction des concepts purs de l'entendement » de la critique de la raison pure de Kant, où il explique les liens entre les objets et les représentations synthétiques.

[39] J'ai longuement développé ce thème dans un précédent ouvrage : « Sur l'autre rive de la vieillesse » Ed Erès 2017

meurtre réel. Le mythe est le discours des persécuteurs sur leur propre persécution.[40] Tout comme l'animal, mais aggravé, si l'on peut dire, par le conflit de désir mimétique, le petit enfant découvre ses possibilités de défense, mais aussi d'agression. Toutes les mamans, toutes les nourrices du monde savent bien que l'adorable nourrisson est susceptible des pires violences[41]. Celles-ci n'ont pas de conséquences graves que parce qu'il n'a pas assez de force physique et cognitive. Ces forces perdurent à tout âge et il faudrait être bien naïf pour imaginer qu'elles puissent s'estomper. Au plus, et dans le meilleur des cas, elles peuvent s'organiser, s'orienter dans une direction plutôt que dans une autre, être sublimées, pour utiliser un terme emprunté à la psychanalyse. La punition interfère directement avec ces forces, peu organisées dans le cas des violences physiques, plus structurées dans le cadre d'autres actes socialement désapprouvés. Mais ces actions, que les codes pénaux déclarent coupables, ne sont que des mouvements naturels : défense, protection, conservation, recherche d'un plaisir, instinct de survie. Durkheim a parlé de normalité du crime. On peut l'entendre comme quelque chose de naturel. Tout acte, quand bien même, est-il reprouvé, correspond à une tentative -éventuellement maladroite, voire particulièrement malheureuse- de rester fidèle à la nature. Le lion mange la gazelle, les parents défendent leur progéniture, le chat marque son territoire et chasse l'intrus, les cerfs se battent pour la biche. La nature, et Nietzsche le dit parfaitement, ne connait ni bien ni mal : le vivre selon la nature des stoïciens n'a pas de sens. Comment pourrait-il en être autrement ? Il n'y a que le corps et ses besoins, sa jouissance.

---

[40] Girard René, le bouc émissaire, Grasset 1982

[41] Redisons que ces violences ne sont pas l'essence, mais se développent tôt, dès lors que l'enfant se trouve dans un discours de violence qui, dans les actes souvent, le légitime. Voir Maurel op cité, p 92

L'animal ne punit jamais. Il attaque, se nourrit, se défend, se soumet. Dans l'acte de punir, il y a le rappel différé que l'acte antérieurement commis est reprouvé. Il implique donc nécessairement la mémoire. Tout se passe comme si la mémoire se devait d'être éternelle. Or, rien n'est plus instable que la mémoire. Eustache [42] explique combien il est illusoire de vouloir compter sur la mémoire comme on compte sur un disque dur d'ordinateur. Comme tout processus vivant, la mémoire est sans cesse remaniement, réarrangement, oubli, refoulement... Il y a dans cet espace de mémoire, déjà, une condamnation sans appel du paradigme punitif : comment pourrait-on châtier un acte dont on ne sait finalement pas vraiment précisément comment, quand et pourquoi il a été commis.

La punition est une mauvaise réponse différée à un acte naturel. Que cet acte puisse être insupportable à la victime ne change rien à son caractère naturel. Le fond de l'homme est cruauté, comment ne pas le reconnaitre ? [43] Homo homini lupus est. Faudra-t-il en rester là ?

Dans ces lignes, on cherchera à montrer que la culture s'insère, prend corps, se fait chair dans cette nature sauvage, amorale, violente et, au lieu de diaboliser les relations humaines, les symbolise. Le paradigme punitif reste naturel, et ne parvient pas à symboliser. Mais le symbole n'est pas la loi. Non qu'il ne s'y essaie pas (c'est la Loi), mais parce que les représentations restent naturalistes. Pour parvenir à symboliser, il est nécessaire, non de rompre avec la nature, mais d'avoir l'orgueil d'y être créateur. Ce n'est nullement un hasard si, dans une société qui retourne à l'état naturel et donc vers la violence, dans les sociétés totalitaires par exemple, on commence par brûler les livres et éliminer les artistes et les poètes. Comme le disait Patrick Pelloux après les attentats de Charlie hebdo -présentés par les fanatiques

[42] Eustache, F, Mémoire et oubli, Paris éd Le pommier, 2014
[43] Nietzsche, par-delà le bien et le mal chapitre 7

comme une sorte d'expédition punitive pour un Occident haï- un dessin n'a jamais tué personne, et la meilleure arme contre le terrorisme -la nature brutale- c'est la culture.[44] J'oserais préciser : la poésie, cette faculté de créer, avec des mots, des ponts entre les gens.

En première analyse, la punition apparait comme une vengeance différée. « L'agresseur a toujours déjà été agressé »[45]. Les États ont « monopolisé la vengeance en en faisant un attribut de la souveraineté politique »[46]. Cette conception est valide dans un certain nombre de cas, mais probablement pas pour tous les châtiments. Le père qui frappe son enfant dans un but qu'il pense éducatif ne venge rien à priori sauf, peut-être, lui-même pour quelques anciennes culpabilités. Je ferai mienne la conception d'Ogien : « l'Etat est un groupement social politique qui revendique avec succès le monopole de la violence physique légitime sur un territoire donné »[47]. Avoir « le dernier mot », comme un arrêt de justice, est une violence légitime, caractéristique des sociétés désacralisées, États pénaux.[48]

Néanmoins, le thème de la punition vécue comme vengeance est très ancien et on peut risquer d'en faire une rapide archéologie.

---

[44] Pelloux P L'instinct de vie Cherche midi 2017

[45] Girard R Achever Clausewitz Carnets Nord 2007 p 53

[46] Verdier R Vengeance, Autrement ed Mutations 2004 (page éditeur)

[47] Ogien Ruwen l'Etat nous rend-il meilleur ? Gallimard 2013 p 65

[48] Orsini C René Girard Que sais je ? 2018 p 64

2- Brève histoire du châtiment

« À moi la vengeance et la rétribution » dit Dieu[49]. « Dieu seul punit les coupables, parce que fondamentalement, à travers les victimes, c'est Dieu qui a été atteint »[50].

Avant même la Genèse, diverses civilisations racontaient des mythes mettant en scène une sorte de « péché originel ». Georges Minois[51] cite des récits babyloniens ou grecs présocratiques où l'homme commet une faute, que la divinité punirait d'une manière ou d'une autre. La justice, dès les origines, serait comme une vengeance destinée à faire comprendre à l'homme son orgueil. Nietzsche le dira très clairement dans « généalogie de la morale » et il en tire la conclusion : faire souffrir, autrement dit punir est l'apanage des forts. Soyons donc forts. La cruauté est la grande réjouissance de l'humanité ancienne.

Une grande partie du paradigme punitif s'est construit, en occident, sur l'idée que Dieu se réserve le droit de châtier. Dès lors n'importe qui, pour peu qu'il ait un tant soit peu de pouvoir -forcément divin quelque part- peut, en toute légitimité, punir.[52]

---

[49] Dt 32 35 Bible de Jérusalem

[50] Legendre, Pierre, le crime du caporal Lortie. Essai sur le père, Fayard, Paris, 1989, p 57

[51] Minois, G les origines du mal Fayard 2002

[52] On sait que Tolstoï s'est insurgé contre l'idée d'un Dieu qui accepte la violence et qui punit : « Quelle correction, quel amour y a-t-il ici, quand pour un péché temporaire, on brule dans le feu éternel ?» in critique de théologie dogmatique, œuvres complètes, tome 20 Paris Stock 1909 p 74

Un des récits les plus connus est celui dit de la création, dans le livre de la Genèse. Ce texte aura eu une influence majeure sur la compréhension des grands mécanismes de faute, de culpabilité, de punition et donc de violence. Le récit appartient aux traditions juives, chrétiennes et musulmanes[53]. L'histoire, dans la Bible, se présente selon deux récits, dont les origines semblent remonter au second millénaire avant notre ère (poème babylonien Enouma Elish), et un peu plus tard (poème d'Altra-Hasis, au 17e siècle av JC) puis dans l'épopée de Guilgamesh[54]. Il met en scène Adam et Ève, créés à l'image de Dieu, se promenant, nus, dans le jardin des délices, et finissant, à cause de la femme, par manger du fruit défendu de l'arbre de la connaissance du bien et du mal. La sanction divine est immédiate et le premier couple symbolique de l'humanité est finalement condamné à mort, après avoir été chassé du paradis.

Il n'est pas dans mon propos de faire l'exégèse d'un texte d'une très grande richesse symbolique, sur lequel tous les philosophes, mystiques, poètes ou théologiens se sont penchés. On en retiendra ce qui apparait comme une morale -que l'on verra erronée- à priori universelle : il y a une instance supérieure -appelons-la dieu- qui fixe un cadre. La transgression est nécessairement punie.

Une bonne partie de la culpabilité occidentale repose sur le texte ancien. Pewner[55] montre que l'Occident est hanté par la dette du dieu jaloux. La névrose obsessionnelle serait la tentative sans cesse avortée de se laver de la faute originelle et la mélancolie serait la recherche de la mort (jusqu'au suicide) du désir jugé coupable. Dès le commencement de l'histoire humaine, la marque de la punition est inscrite au niveau même du désir : « la femme vit que l'arbre était bon à

---

[53] Coran chapitre 7

[54] Quesnel M et Gruson P dir, la Bible et sa culture, Desclée de Brouwer 2000 p 46

[55] Pewzner E L'homme coupable, O Jacob 1996

manger et séduisant à voir, et qu'il était, cet arbre, désirable pour acquérir le discernement »[56]. La faute originelle est punie de la manière la plus absolue, la mort.

Depuis, et sans rentrer dans les innombrables commentaires dont le texte a été l'objet, on peut affirmer que l'idée de punition a toujours été cautionnée par les princes, arguant du fait que la divinité à imiter punit. Qu'ils soient religieux ou non, c'est toujours en fonction d'un droit divin que le plus fort punit le plus faible.

Un des premiers, St Augustin, écrira : « Il arrive qu'il faille employer contre les résistances une certaine sévérité qui a son principe dans le désir de faire le bien ; on consulte alors non pas la volonté, mais l'intérêt de ceux qu'on punit »[57]. On note que la phrase s'insère dans un texte qui justifie, dans certains cas, la guerre[58]. Mais le philosophe parle de punition. On retiendra que la guerre est aussi somme d'expéditions punitives et qu'il n'y a, en définitive, qu'une différence de quantité entre la moindre des punitions et la guerre. « C'était le bon sens même, et populaire, que de punir des peuples qui avaient fauté… »[59].

Jean Chrysostome, au 4e siècle, est considéré comme un des pères de l'Église orthodoxe, où l'on célèbre toujours la liturgie selon ses préceptes. Il écrit : « Tu enfanteras dans la douleur est pour la femme une punition et un sévère avertissement »… « Ne voyez-vous pas ce châtiment traverser tous les siècles » et pour l'homme « cette dure existence te sera une continuelle leçon d'humilité, et un souvenir de ton néant. Cette malédiction ne se bornera pas à

---

[56] Gn 3 6

[57] Augustin, lettre 138

[58] Cette notion de « guerre juste » a été dénoncée, entre autres, par JM Muller (la violence juste n'existe pas, Ed du Relié Paris 2017)

[59] Frappat, Bruno, La Croix, 7 7 2018 p 32

quelques années, mais elle s'étendra à tout le cours de ta vie… »[60]

Dans cette homélie, il est important de remarquer que Jean Chrysostome prend le soin d'inscrire dans son discours la bonté, la miséricorde, l'amour de Dieu. En clair, cela signifie que celui qui aime est aussi celui qui châtie. « Qui aime bien châtie bien » dit-on. À la suite du grand prédicateur, et d'autres avec lui, l'idée que la punition puisse être une œuvre d'amour fait son chemin.

Plus tard, au 13e siècle, St Thomas devient la figure centrale de la théologie chrétienne, et son autorité ne faiblira pas au cours des siècles ultérieurs. Il relit Aristote et l'inscrit dans sa propre perspective évangélique. Il écrit : « Comme dit S. Augustin dans le même passage : "De la convoitise de la chair, fille du péché, mais qui n'est pas imputée à péché aux régénérés, l'enfant naît soumis au péché originel. " Il ne s'ensuit pas que cet acte soit un péché, mais que dans cet acte se trouve une peine qui dé-rive du premier péché. »[61] Il existe bien des passages de la Somme où les liens entre péché, culpabilité, punition sont évidents.

« Mais l'homme est soumis à la souffrance en punition du plaisir qu'il a pris dans le péché, selon ce mot de l'Apocalypse (18, 7) : "Autant (Babylone) s'est glorifiée et plongée dans les plaisirs, autant donnez-lui de tourments et de malheurs. »

« Les tout-petits partagent la punition temporelle due à leurs parents non seulement parce qu'ils sont la chose de leurs parents, et que leurs parents sont punis en eux, mais aussi parce que cela est à leur avantage, car s'ils survivaient ils pourraient imiter la malice de leurs parents et mériter ainsi de plus graves châtiments. »[62]

---

[60] Saint Jean Chrysostome, homélies sur la genèse, œuvres complètes, Bar le Duc, L Guérin Ed 1865 p 102-3

[61] Thomas D'Aquin Somme théologique Art 2 question 153

[62] Id question 108 art 4

Dans l'ouvrage de référence, Delumeau montre que la peur en Occident s'enracine, certes, dans un néoplatonisme repris par Augustin, mais aussi sur les écrits d'un grand nombre de moines, de théologiens, de mystiques, qui ont construit, à partir du concept de péché originel, une culpabilisation qui fait du christianisme une « religion de l'anxiété »[63] Le monde est méprisable et la vie humaine qui s'y répand l'est également. « L'homme est un prisonnier qui, jour et nuit, endure »[64]. Que ce soit dans le cadre des danses macabres, des productions théologiques, des sermons et des prédications, du 13e au 18e siècle, l'occident ne sort pas de l'idée que le corps est une prison. Il y est enfermé, avec très peu d'espoir de salut, en raison de son péché. Ce pessimisme qui va jusqu'à l'excès (scrupules, mortifications) correspond, bien sûr, à des périodes très difficiles (peste noire, guerres, famines, rigueur du climat, maladies...), mais le contexte n'explique pas tout. « Quand la présence de cadavres tués par la peste, les disettes et la soldatesque devint incessante, le sermon culpabilisateur avec ses évocations nauséabondes rencontre une écoute nouvelle. Associant inlassablement mort et faute, péché et punition, il semble confirmé par les faits et trouva dans cette confirmation même un aliment qui le gonfla d'une sève plus forte. Il disait la peur à des gens qui avaient peur et finalement il disait leur peur »[65]. Delumeau parle de la peur des clercs, qui entre en résonnance avec celle des populations. Quand Dürer ou Bosch mettent les peurs et les angoisses en peinture, les théologiens, des pères du désert (Evagre, Climaque, Cassien...) aux évêques du Concile de Trente, en passant par Saint Thomas, Luther, Calvin, Pascal... centrent leurs catéchèses sur la peur de la punition éternelle, qu'ils décrivent avec force détails terrifiants. Bien naturellement, la classification des péchés sera comme une

[63] Delumeau, Jean, le péché et la peur Fayard 1985 p 8
[64] Id p 30
[65] Id p 110

sorte de code de survie avant le jugement, qui revient à Dieu et vécu comme terrible : « il semble que la justice divine traite avec les pécheurs comme la justice humaine traite avec les plus grands criminels », dit l'aumônier de Bérulle, Senault[66].

Au Concile de Trente, (1545-1563) dont l'importance se fait sentir jusqu'au 20e siècle, on lit : « nos premiers parents, qui avaient été créés dans l'état de justice et d'immortalité, ayant désobéi à Dieu, perdirent aussitôt ces deux privilèges, avec le droit au bonheur éternel, qui y était attaché, et furent condamnés aux souffrances et à la mort, et aux mêmes châtiments que les mauvais anges. Ce péché a passé à tous leurs descendants, non seulement quant à la peine, mais encore quant à la faute, et c'est celui qu'on nomme originel »[67].

Plus près de notre époque, et l'on voit apparaitre la dimension d'auto punition, le commentaire de Pinard de la Boullaye, en 1933 : « (Dieu) avait promis en récompense une participation à sa propre félicité. Cette promesse, ces droits inappréciables, Adam devait les transmettre à ses descendants, à condition qu'il persévérât dans l'obéissance. Ayant succombé à la tentation, il les perdit pour lui et pour nous. À leur place, il nous a légué son châtiment et cette tare d'être les membres d'une race que Dieu avait comblée de faveurs et qui s'en est montré indigne dans la personne de son chef. Voilà le péché originel : in Adam omnes moriuntur »[68].

Environ cinquante ans plus tard, le catéchisme officiel de l'Église catholique redira, à des nuances de style près, la même chose : (à la suite du péché originel) « l'harmonie dans

[66] Id p 322

[67] Catéchisme du concile de Trente, trad abbé Doney Gauthier et frères 1830 p 52

[68] Pinard de la Boullaye, La personne de Jésus, conférences de Note Dame de Paris, Ed SPES, 1933 p 20

laquelle ils (Adam et Ève) étaient, établie grâce à la justice originelle, est détruite ; la maitrise des facultés spirituelles de l'âme sur le corps est brisée ; l'union de l'homme et de la femme est soumise à des tensions… la mort fait son entrée dans l'histoire de l'humanité »[69]. Si Dieu n'est plus explicitement responsable du châtiment, il l'est de fait puisqu'il place l'homme dans un cadre où il ne peut pas ne pas succomber, et il admet qu'à la suite de la faute, il se punit lui-même. Ce catéchisme ne remet pas en cause, même si le style est moins direct, ce qui était enseigné aux enfants depuis longtemps. Par exemple, le catéchisme de Nancy, qui a eu ses heures de gloire dans les années 1955, ne craint pas d'expliquer aux jeunes de 8 à 10 ans : « c'est pourquoi en naissant, vous êtes privés de la grâce de Dieu et sans droit au bonheur du ciel… c'est pourquoi vous mourrez, car tous les hommes ont ce péché originel »[70].

Interrogé par Messori, Joseph Ratzinger, avant qu'il devienne pape dira, en 1985 : « l'incapacité de comprendre et de se présenter le « péché originel » est vraiment un des problèmes les plus graves de la théologie et de la pastorale actuelles », « c'est une réalité authentique ».[71]

Dans ces représentations, la punition, en réponse à l'homme coupable, prend une place centrale, même si l'heuristique de la peur cherche le « bien » des fidèles. Sortant de tant de siècles de culpabilité, les établissements carcéraux en Occident et ailleurs se sont développés à partir du 19e siècle dès lors que la peur du châtiment éternel s'effaçait du paysage. On aurait tort d'imaginer que l'athéisme issu des maitres du soupçon ait renvoyé le péché originel dans un moyen âge jugé inculte. Le mythe d'Adam et Ève punis s'est, grâce aux déterminismes psychologiques, psychanalytiques, génétiques et sociologiques, laïcisé et, loin

---

[69] Catéchisme de l'Eglise catholique Mame 1992 p 90
[70] Catéchisme du diocèse de Nancy, Mame, 1947 p 34
[71] Ratzinger J et Messori V, Entretien sur la foi, Fayard, 1985 p 91

d'avoir disparu, il se manifeste désormais sous un nouveau jour : perversion polymorphe du nouveau-né, pulsions, catégorie socio-professionnelles défavorisée, « quartiers ». La peur, de transcendante, est devenue immanente.

L'enfer n'est plus dans un au-delà à redouter, mais dans la réalité concrète des quatre murs de la cellule. La loi divine devient le Code pénal. Mais, même sur terre, les juristes et magistrats, qui ont pris la place vide laissée par les clercs, restent persuadés que la punition reste « pour le bien du condamné », une sorte de purgatoire. L'établissement carcéral, et même toute prison, cherche à être un lieu asexué, où le corps méprisé reste en face de lui-même dans la contemplation de sa misère. Mais ce corps méprisé revient en boomerang et se déploie en violence. En prison, et comme dans les siècles passés, c'est d'abord le corps de la femme qui est méprisé, puis ensuite celui de l'homme. Tout se passe, dans le froid de la geôle, comme si on voulait recréer un état « angélique », avant le péché originel, où le corps n'exprime aucun désir, aucune finitude, aucune vulnérabilité, bref, un monde parfaitement inhumain où nulle parole n'advient, où nulle création n'est possible. La prison, réelle ou psychique, est symbole d'erreur, de mauvaise direction prise. C'est une tentative avortée de maitriser la violence. L'homme punit parce qu'il a conscience de n'être pas un animal, mais au lieu de marcher vers plus d'humanité, il s'en éloigne.

Ce que Delumeau explique pour l'Occident est probablement transposable dans les régions du Moyen-Orient, bien qu'il n'en parle pas dans ses travaux. Le Coran, pour sa part, reste donc globalement sur le même registre : « Votre Seigneur est prompt dans ses châtiments, mais il est indulgent et miséricordieux » [72]

Dans ce contexte, le paradigme punitif est très prégnant non seulement dans tout l'Occident chrétien, mais aussi pour

[72] Coran chap 6 165

d'autres cultures. L'islam empruntera à la Torah bien des concepts. Compte tenu de la diffusion des religions monothéistes, cela fait une bonne partie du monde à vivre sous la dictature du punitif.

Le mythe de péché originel -dont le meurtre du père freudien peut être considéré comme un avatar laïque- est indissociable de la vengeance. Si on admet, en hypothèse, et on y reviendra, que la punition n'a pas de valeur éducative, seule reste la dimension de vengeance : « il faut que justice soit faite ». La vengeance est un sentiment souvent vécu d'une manière péjorative, mais il revêt aussi une dimension d'expiation, raison pour laquelle les punis eux-mêmes ne se rebellent pas nécessairement sur le châtiment qu'ils endurent. « Il faut bien payer sa dette ».

3- Vengeance-sacrifice-expiation

Si la punition peut apparaitre, en première analyse, comme une vengeance légalisée, on ne peut que constater que, dans bien des cas, il n'en est rien. Un enfant battu par son père, parce qu'il se chamaille avec son frère, n'est pas une vengeance. Se faire retirer son permis de conduire parce que l'on n'a plus de points ne rentre pas dans un cadre du talion.

Il y a certainement d'autres fondements à la punition qu'un règlement de compte différé et médiatisé.

Dans la punition, il y a une victime, le puni. Certes, il est défini coupable au moment du fait pour lequel il est déclaré condamnable, mais, après coup, il se trouve dans la position de victime. La culpabilité, si culpabilité il doit y avoir, ne peut l'être que dans l'instant. Le paradigme punitif cherche à fixer l'instant, pour stigmatiser le coupable dans son acte. Cette a-chronie est évidente dans un établissement carcéral, où tout est fait pour que « la durée dure ». Cet ennui extrême est une des tortures les plus redoutées des détenus : en rester fixé sur un acte, même quand le souvenir s'estompe. Ainsi, on voit punir des criminels, des années après, même s'ils sont très âgés, ayant perdu la mémoire et les facultés cognitives.

Il y a dans la punition la volonté d'éradiquer ce qui apparait comme un mal. L'acte de punir n'est pas gratuit et il est considéré comme nécessaire, voire indispensable. Quantité de parents considèrent que c'est leur devoir de punir et, s'ils ne le faisaient pas, cela leur semblerait une démission ou une faiblesse dans l'éducation. « Qui aime son fils lui prodigue le fouet, plus tard ce fils sera sa consolation »[73] dit le livre biblique.

La victime est d'abord un être à sacrifier, pour qu'il y ait une expiation possible. Expier un crime, une faute quelconque est d'abord l'acceptation d'un sacrifice.

Un prototype de la punition, chez l'enfant, est la fessée, et on se souvient du célèbre et provoquant tableau de Max Ernst, en 1926, montrant la Vierge infligeant une fessée à l'Enfant Jésus[74]. Or, il se trouve que frapper cette région du corps est, anatomiquement, provoquer une douleur au niveau de l'os si bien nommé sacrum. La fessée est, symboliquement, un sacrifice. Atteindre la victime dans ce qu'elle a de sacrée. Toute violence, et le viol en est l'image la plus accomplie, est une pénétration dans l'intimité, l'espace secret de chacun, qui se situe dans les régions dites « intimes ». Cette intimité est sacrée, c'est-à-dire réservée. Nous verrons que, dans l'univers carcéral, la violation de l'intimité est une réalité quotidienne.

Celui qui punit fait à autrui ce qu'il redoute pour lui-même : être violé. « Renvoyer sur quelqu'un d'autre et lui faire éprouver un affect insupportable qu'on ne peut absolument pas tolérer »[75]. Punir et venger, se venger, c'est venger le moi.

Sacrifier est braver le sacré pour préserver son intégrité. L'enfant qui commet une désobéissance met en péril le

---

[73] Livre de l'Ecclésiastique 30 1

[74] On sait que l'artiste, proche de Nietzsche , a cherché à se démarquer du moralisme chrétien rigoriste du 19ème siècle. Il écrira : « si l'humanité est devenue de plus en plus laide, de plus en plus redoutable, c'est parce que pendant des siècles, les hommes ont cédé à la Mère de tous les vices : le confessionnal…L'amour qui devrait donner un sens à la vie, est surveillé nuit et jour par la police cléricale » Russell John Max Ernst Ed de la connaissance 1967 p 106 On peut imaginer que, de nos jours, le confessionnal soit remplacé par la vidéo surveillance et la police cléricale par les forces de l'ordre.

[75] Bonnet G la vengeance Editions in-press 2015 p 66

narcissisme de ses parents qui, craignant par-dessus tout de perdre ce qu'ils appellent leur autorité et qui n'est rien d'autre que leur propre angoisse, tentent de détruire symboliquement leur propre enfant. Le paradigme punitif plonge ses racines dans les fantasmes les plus archaïques. Si Kronos mange ses fils, c'est aussi parce qu'il a peur qu'un jour, ses enfants ne le dévorent.

« Je crois que le ciel a permis pour nos péchés cette infortune ; que le plus coupable de nous se sacrifie aux traits du céleste courroux ; peut-être il obtiendra la guérison commune… on cria haro sur le baudet… rien que la mort n'étoit capable d'expier son forfait : on le lui fit bien voir. Selon que vous serez puissant ou misérable, les jugements de cour vous rendront blanc ou noir »[76]. Dès le commencement de sa réflexion sur le bouc émissaire, et citant Jean de La Fontaine, René Girard [77] montre que le fondement de la violence est mensonge. La désobéissance à une loi est, du point de vue du législateur, une tentative de dé-différentiation. Que le subordonné se sente en capacité de faire la même chose que le puissant, voilà qui apparait comme extrêmement dangereux. L'enfant doit rester enfant, le pauvre doit rester dans l'humiliation. René Girard insiste sur le fait que c'est l'absence de différence qui est vécue comme redoutable. Il est important de garder en mémoire que le mot κρινω signifie autant séparer, trier, que juger. Le crime, étymologiquement, est ce qui est objet de contestation, querelle, conséquence du κρινω, jugement. La crise, le crime, est ce qui va dans le sens de l'indifférenciation, ce qui porte les stigmates de l'absence de différence. Tout acte qui appelle, dans le paradigme punitif, une réponse violente, est un acte qui évoque une indifférenciation. C'est sans doute une des raisons pour laquelle, dans la punition, la nature de l'acte de condamnation reste le même que celui qui est

[76] Jean de la Fontaine, « les animaux malades de la peste »
[77] Girard, R, le bouc émissaire, Grasset 1982

réprouvé : le père explique au petit garçon qu'il ne faut pas brutaliser son petit frère… en le brutalisant. Dans un établissement carcéral le violeur sera, d'une manière ou d'une autre violé, et le voleur volé.

Au chapitre 10, Girard donne l'exemple de Caïphe décidant de la mort du Christ : il se situe autant sur le plan politique (« il y a intérêt qu'un seul homme meure pour le peuple »[78]) que religieux puisqu'il est grand prêtre. Et que fait Caïphe ? Il décide de sacrifier-punir Jésus, dans le but avoué d'éviter les émeutes (crises mimétiques d'indifférenciation) et de restaurer une paix, autour de la victime. Cette punition est en général admise comme divine et nécessaire : « Et nous, nous le considérions comme puni, frappé par Dieu et humilié »,[79] mais René Girard explique en quoi ce sacrifice repose sur un mensonge. La victime, en fait, va vers l'innocence[80], et la violence du sacrificateur, démasquée, se retourne sur lui, en montrant le caractère fondamentalement vain du sacrifice. La punition, en particulier dans ce qu'elle a de vengeance, reste dans la violence mimétique, et sa légitimation dans des codes en dissimule la vraie nature.

Punir ou se punir soi-même est un sacrifice. Rejeter ce qui fait mal pour signifier l'espérance en une résolution du conflit. De ce point de vue, les établissements carcéraux sont des lieux à part, réservés, où sont concentrés et rangés ceux qui font peur.

Le mécanisme sacrificiel tel qu'il fonctionne dans la justice pénale n'est pas exactement celui décrit par Girard, car la victime sacrifiée n'est pas déifiée. Cependant, c'est le sacrificateur qui l'est. La prononciation d'un jugement, dans une cour de justice, correspond d'assez près à une cérémonie

---

[78] Evangile de Jean 18 14

[79] Livre d'Isaïe 53 4

[80] On lira, à ce sujet, le beau livre d'Anne Lécu, Marcher vers l'innocence, Le Cerf 2015

religieuse sacrificielle. Les acteurs - magistrats - revêtent une tenue particulière, on rappelle la loi et le Code pénal est symboliquement placé en évidence, la disposition des lieux est comparable à un temple, une synagogue ou une église, et le ton général est empreint de solennité. Nulle place pour l'humour, la familiarité ou la compassion en salle d'audience. Le déroulement d'un jugement est celui d'une liturgie, où la tension va crescendo jusqu'au sacrifice final : « la cour vous condamne à… »

Au chapitre 3 de son essai « Des choses cachées depuis la fondation du monde » René Girard semble étendre la violence sacrée à des actes qui ne sont pas directement le sacrifice tel que l'on se le représente : « ce qui sacrifie la victime, c'est le coup porté par le sacrificateur, c'est la violence qui tue cette victime et qui, en même temps, la place au-dessus de tout, la rend immortelle ». Cette phrase est importante : dès lors que celui qui - à tort ou à raison - est déclaré coupable, devient la victime, elle va vers une immortalité. Le présent de la punition a ambition de perdurer. Raison pour laquelle il est indispensable, dans un établissement carcéral, que le temps soit comme suspendu. Au-delà des aspects de souffrance évident, ce rapport au temps est essentiel. Le coupable sacrifié doit rester figé dans sa culpabilité, sans jamais en sortir. Il y a donc une sorte de déification du coupable dans l'acte qui le sacrifie. Ce « dieu » sera, certes, détesté de tous, mais néanmoins prié, tant il est vrai qu'amour et haine sont les deux faces d'une même prière. « Le sacrifice se produit quand la violence est prise en charge par la violence sacrée ». Un tribunal est un temple sacré.

Un simple exemple pour illustrer.

Il y a des années, j'avais eu l'occasion d'être témoin en cour d'assises pour un meurtre commis par un patient, malade psychotique sévère, lors d'un accès délirant grave. J'avais pour ce malade la sympathie nécessaire pour une relation thérapeutique la meilleure possible et, parce que cela s'était fait spontanément, j'avais pris l'habitude de le tutoyer, en l'appelant par son prénom. Devant la cour, j'ai failli parler de ce malade avec les termes amicaux qui étaient les nôtres avant le drame. J'ai instantanément compris que, si j'utilisais ce registre langagier, je ferais bien plus qu'une erreur, un blasphème. C'est ce terme qui m'est venu à l'esprit à ce moment. Et le blasphème est considéré comme un crime dans certaines cultures, parce qu'il sape à la base une croyance. C'est l'outrage à une divinité. Dans une cour d'assises ou un tribunal correctionnel, utiliser le langage de l'amitié, de la compassion ou, pire, de l'humour, est inconcevable. La robe du juge est le symbole du caractère religieux du langage pénal, au même titre que l'aube ou la chasuble du prêtre.[81]

« Ah je ris de me voir si belle… » dit la Castafiore au juge[82] et le scandale éclate : elle ose rire. Dans une cour de justice, il n'y a pas de place au rire, ce d'autant que les faits sont tragiques, violents, insupportables parfois. Nonobstant, l'humour reste une des dernières armes face au malheur : « Léviathan que tu formas pour t'en rire »[83].

C'est parce qu'il a conscience de n'être pas un objet de sacrifice que la victime peut se permettre de sortir la carte de l'humour. C'est impossible ou extrêmement difficile pour la victime, bien sûr, mais la dérision est une arme redoutable, quoique non violente. Peu de temps après les attentats de Charlie hebdo, les dessinateurs ont continué à créer des caricatures, comme pour signifier que la violence n'aurait

---

[81] Les psychanalystes ne se gênent pas, en tapinois, pour s'interroger sur le fait que des hommes s'habillent en femmes pour présider des cérémonies d'où les femmes sont exclues… Actuellement, les magistrats sont plutôt des femmes. On chuchote que ces dames, issues de milieux favorisés, jugent des hommes de milieu défavorisés ! Beau sujet sociologiquement incorrect.

[82] Hergé Tintin et les picarros Casterman 1976 p 10

[83] Ps 74 14

pas le dernier mot. Le rire est le propre de l'enfant quand il joue. Sitôt que la violence apparait, il s'empresse de crier « pouce ». Ce sont probablement les enfants qui apprendront aux adultes à rester dans le rire, et donc dans la non-violence.

« Silence ! Ne m'interroge pas ! C'est un secret ; mais moi je veux étonner mon siècle ! Ne rions pas ! Le rire est puni de mort à notre époque, qui est sérieuse ! »[84]

Le sacrifice ne sort donc pas du sérieux.

L'expiation, une des fonctions traditionnelles de la prison reste comme un leitmotiv : « il faut qu'il comprenne ; il faut que la peine efface la souffrance ». Être puni, c'est expier, purifier la faute.

Le concept d'expiation est à rechercher dans le Tetrateuque[85] et divers textes, dont Nombres 19, cité par Saint Thomas[86]. Ces textes hébreux sont à l'origine de la fête de Yom Kippour, considérée comme fondamentale dans la religion juive.

On lit : « Yahvé parle à Moise et à Aaron ; Il dit « voici un décret de la Loi que Yahvé a prescrite. Parle aux Israélites. Qu'ils t'amènent une vache… vous la donnerez à Eleazar, le prêtre… (il) prendra un peu de sang de la victime… on brûlera alors la vache sous ses yeux… puis il nettoiera ses vêtements… son corps avec de l'eau… c'est un sacrifice pour le péché ».

Plusieurs siècles avant notre ère, des peuples prennent conscience que ce qu'ils appellent faute -et nécessairement en relation avec la Loi- doit être purifié. Le sang et l'eau purifient. Le sacrifice et l'expiation sont les deux faces d'une même croyance : il faut une violence pour en éliminer une autre. Le sacrifice est l'acte sanglant de la séparation, l'expiation est son envers psychique. Quand l'animal, ou

---

[84] Verne Jules Paris au XXème siècle Hachette 1994 p 81

[85] Quatre premiers livres du pentateuque : Genèse , exode, Lévitique, nombres, puis deutéronome dans la Torah, puis la Bible.

[86] question 102 art 5 en particulier

l'homme, est sacrifié, la joie de la souillure lavée éclate. La faute, le péché, correspond à une impureté inscrite sur sa chair, sur autrui, sur un texte de Loi. Raison pour laquelle bien des maladies ont initialement été considérées comme péché. La confusion entre péché, maladie, souillure, faute, crime peut être considérée comme une constante dans l'histoire occidentale. Actuellement encore, la frontière entre le crime et la maladie mentale est loin d'être claire.

Les chrétiens, le plus souvent, maintiendront la confusion et, partant, pourront faire perdurer les représentations liées à la punition et à l'expiation. Nietzsche écrira, au livre II de la volonté de puissance : « l'Eglise… croyait d'une part à la puissance expiatrice de la punition et d'autre part, à la puissance annulative du pardon. Ces croyances sont toutes deux des illusions du préjugé religieux. La punition ne répare point, le pardon ne saurait effacer ; ce qui est fait ne peut pas devenir « non fait »… « le saint mensonge a donc inventé un Dieu qui punit et récompense ».

Dans la théologie catholique, l'assassinat de Jésus est considéré comme le geste d'amour le plus grand, mais aussi, indissociablement, comme un geste « de rédemption, et de réparation, d'expiation et de satisfaction »[87].

Après la punition, le crime est dit « blanchi ».

Force est de reconnaitre que la frontière entre expiation et vengeance ritualisée est difficile à établir. On peut même aller jusqu'à considérer que la vengeance spontanée -le lynchage- pouvant poser de redoutables problèmes de rapports de force, la délégation à une institution permet d'assouvir une soif de vengeance sans risque. Écoutant des détenus condamnés pour violence dans le cadre du commerce de drogues illicites, on est parfois amenés à reconnaitre que, dans les milieux mafieux, on se venge comme ailleurs dans la société, mais sans la médiation d'un

[87] Catéchisme de l'église catholique §2 art 616

système pénal. Ce qui explique aussi l'absence totale de remords, de sentiment d'expiation chez ces détenus.

On reste en définitive dans le cadre du talion, c'est-à-dire le conflit mimétique. Girard souligne que rivaux et riverain ont même origine. La guerre est le conflit mimétique poussé à l'extrême : le point de départ est le duel. Certes, la punition n'est pas directement un duel, mais elle partage avec cette violence un point important : imposer sa loi à l'autre. « La guerre n'est rien d'autre qu'un duel à plus vaste échelle… la guerre est un acte de violence destiné à contraindre l'adversaire à exécuter notre volonté »[88]. Dans toute punition, la contrainte est au cœur du paradigme : faire plier l'autre, dans le but de laisser émerger ce que le plus puissant appellera « bien » « salut » « progrès » « prospérité » « bonne éducation ». L'auteur de La violence et le sacré ne parle pas, ou peu, de punition, mais essentiellement de violence. Mais la violence ne serait-elle pas la résurgence des anciennes punitions intériorisées ? Punitions dont le violent a été l'objet enfant, voire nourrisson. C'est ce que suggère Maurel quand il écrit, à propos de René Girard : « la théorie du mimétisme (y) est analysée sous des angles très variés, mais la violence éducative n'y apparait nulle part »… il méconnait « la violence éducative comme une vraie violence »[89].

Pour en sortir, il faut, avec René Girard, reconnaitre dans le « Satan » le père du mensonge. C'est-à-dire ce qui, en nous, accuse et diabolise. La diabolisation est l'inverse de la symbolisation. Le mensonge antique est de considérer la victime coupable. Girard place le conflit mimétique au cœur de sa théorie, qui reste une anthropologie et non une théologie, et encore moins une apologétique. En matière de justice pénale, sa pensée est très éclairante et permet de

---

[88] Girard, R, Achever Clausewitz, Carnets nord, 2007 p 30

[89] Maurel O La violence éducative, un trou noir dans les sciences humaines, L'instant présent, 2012-2015 p 58 -59

repérer ce qui, au départ, n'est pas visible. Pour être efficace, un mythe doit dissimuler son origine : « toutes les cultures s'édifient autour de ce fondement qu'elles dissimulent » et de citer Romulus et Rémus, dont le fratricide est à l'origine de Rome. « Les hommes tuent pour se mentir à eux-mêmes au sujet de la violence ». Le rite, qu'il soit civil, comme dans le système pénal, ou religieux dans les diverses confessions, est un moyen de cacher « le tombeau ». Le moyen de cacher le rite est l'institution politique et judiciaire. Le seul moyen d'aller vers une cité non violente est de reconnaitre le meurtre fondateur réel, contre une victime qui tend vers l'innocence.[90]

On verra plus loin que ce concept d'expiation a pu être une des origines de ce que l'on a appelé, après-guerre, l'humanisation des prisons.

Même Beccaria, très novateur et peu suspect d'être de connivence avec les bourreaux de son temps qui, le premier, a dénoncé la torture et la peine de mort, reste dans le paradigme punitif : « le frein le plus puissant pour arrêter les crimes n'est pas le terrible spectacle, mais momentané de la mort d'un scélérat, c'est le tourment d'un homme privé de sa liberté, transformé en bête de somme et qui paie[91] par ses fatigues le tort qu'il a fait à la société »[92]. On ne peut que se réjouir de l'optimisme du marquis, mais il n'annonce qu'une humanisation, souvent utilitariste, du système pénal. Il faut aller plus loin et ne pas hésiter à changer de direction ou, du moins, ne vouloir humaniser les établissements carcéraux que dans l'optique de les supprimer.

---

[90] Girard, René, Des choses cachées depuis la fondation du monde, Livre de poche 1978 en particulier le livre I chapitre 4 et le livre II chapitre 1.

[91] En fait, c'est plutôt la société qui paie pour qu'un individu soit incarcéré. Garofalo, un des fondateurs de la criminologie, en 1890, avait déjà noté cela.

[92] Beccaria, Des délits et des peines, trad de M Chevallier Flammarion, 1991 p 128.

4- La peur

Si on a vu que les liens entre expiation, vengeance et sacrifice sont étroits, il faut maintenant rechercher ce qui est à l'origine de ces concepts.

Oser une phénoménologie est risqué. D'abord parce que je ne suis pas philosophe, ensuite parce que la « réduction » à effectuer n'est pas facile. Husserl n'est plus là pour me faire les gros yeux et j'en profite. Que le lecteur me pardonne de n'avoir pas bien compris les « ideen ».

On essaiera, modestement, de décrire la peur comme fondement de toute violence. Dit ainsi, le postulat semble un poncif, aussi banal que le chien qui m'a mordu il y a longtemps, un soir où j'achevais le footing dans la nuit et que, sans le voir, j'avais heurté. Il a eu peur et s'est retourné pour se défendre, répondant à un instinct on ne peut plus naturel.

Homo homini lupus. À en rester là, il n'y a rien à ajouter et seule demeure la lutte pour la vie, et la peur est le moyen d'ajustement parfait. N'importe quel animal qui en croise un autre n'a en tête qu'un algorithme simple : mangeable ou non, à fuir ou non, à combattre ou non, partenaire sexuel ou non.

Si l'homme, en tant que capable de symbole, ne peut pas n'être qu'un loup - et j'admets que la non-animalité de l'homme est une hypothèse sur laquelle on pourra théoriser sans fin-, alors l'origine de la violence n'est pas seulement une peur que l'on dira naturelle, mais aussi quelque chose qui touche la culture. Si l'homme en restait dans l'amoralité animale, alors le mâle dominerait la femelle, le plus fort l'emporterait sur le plus faible, le malade disparaitrait devant l'individu sain. Le monde est volonté de puissance et l'auteur de « par-delà le bien et le mal » a raison d'affirmer que « la dureté, la violence, l'esclavage, le danger dans la rue… sert aussi bien l'élévation de l'espèce « homme » que son contraire »[93]. La vie étant volonté de puissance, la peur reste une capacité neuro-végétative et il n'est nul besoin de chercher à la métaboliser dans une violence ritualisée.

Dès les origines de l'humanité, les modalités d'expressions témoignent du désir de sortir de la peur en symbolisant les objets dangereux : animaux, cataclysmes naturels, rigueurs climatiques. Les sculptures, gravures, écritures très anciennes, et quelques soient les modalités d'expression, visent à ordonner ce qui apparait comme chaos.

En ce qui concerne l'Occident, on a vu que la peur reste très largement liée au sentiment très ancien que l'homme est coupable dès l'origine.

En restant dans l'hypothèse que la peur est le fondement de la violence, et non l'inverse, on étudiera un des aspects de cette peur dans l'organisation sociale que sont les religions. En appelant religion, non le lien qui s'établit entre soi et autrui, sans constituer une totalité, selon la définition lévinassienne, mais simplement les systèmes de rites et d'expression des croyances. En ce sens, une religion peut fort bien ne se référer à aucune divinité, dès lors que ses adeptes expriment leur croyance commune en des symboles compris par tous. On pourra, par exemple, avoir une religion organisée sur la science (le scientisme), sur la vengeance et la violence (la justice pénale), sur l'état (le patriotisme). Nulle considération péjorative donc sur les religions ; depuis toujours, l'homme préfère croire au néant, le cas échéant, que de ne pas croire. Un athée croit que dieu n'existe pas, mais cela reste croyance.

---

[93] Nietzsche « Par-delà le bien et le mal » Folio Essai Gallimard 1987 chap II

Les peurs antiques, des catastrophes naturelles aux animaux agressifs, en passant par les maladies et les réactions imprévisibles de son semblable ont été métabolisées en religions. Bien sûr, au fur et à mesure que la nature livrait ses secrets, certaines peurs ont disparu. Mais le positivisme ne se montre plus aussi arrogant qu'il y a un siècle. La relativité d'Einstein est passée par là et rares sont les scientifiques qui osent afficher la sérénité qui a pu être celle de Comte. On propose des théories dont on espère qu'elles soient les plus plausibles possible. Le constat du curé Meslier, au 18e siècle reste valide : « L'ignorance et la peur, voilà les deux pivots de la religion ». « Quand la cervelle est troublée, l'on croit tout et l'on n'examine rien »[94].

Qui pourrait affirmer qu'il n'a pas, à un moment ou à un autre, la « cervelle troublée » ? Ce d'autant que, en matière de relations humaines, on n'est jamais sûr de rien. Qu'un déséquilibré -appelons le terroriste, c'est d'actualité- pose une bombe dans une poubelle publique, voici que, du jour au lendemain, toutes les poubelles de France seront démontées ou verrouillées. Les peurs actuelles ont probablement même fondement que celles de nos ancêtres : elles ont seulement un peu changé de forme. La violence est contagieuse parce que la peur l'est. C'est parce que la communauté, toute entière devenue foule, a peur qu'elle ne forme qu'un pour éliminer ce qui apparait comme dangereux. Les religions primitives correspondent à une unanimité violente, dont le but explicite est de maintenir la violence hors de la société. René Girard insistera sur le fait que les ritualisations de la violence -les religions- sont l'expression du désir extrême d'éviter le retour de la violence réciproque. Il y a réciprocité parce que chacun, en se voyant violent dans l'autre, a conscience qu'il en est le semblable. L'homme, sans se l'avouer, craint l'absence de différence, cette indifférenciation qui est le

---

[94] Testament du curé Meslier, Ed le rouge et le noir Paris 1939 p 20

propre du monde totalitaire. « Plus grande est l'indifférenciation, plus fort est le mimétisme, donc plus la violence se généralise[95]» « Le dynamisme du désir mimétique est mortel[96]» Désirer ce que l'autre désire, dans une volonté d'imitation, c'est se condamner à rejouer un cycle de violence. Dans un établissement carcéral, il est indispensable que chaque détenu soit le plus semblable possible à l'autre, ce qui fait de ces établissements les parangons de microcosmes totalitaires.

Régulièrement éclatent de rixes à propos de broutilles : disques, cigarettes, joint… Mais dans un univers où les uns sont pressés sur les autres, le moindre conflit de désir se convertit en violence. C'est sans doute la méconnaissance de ces processus de violence mimétique qui fait que le milieu carcéral est une machine à concentrer et multiplier la violence. L'extrême égalité qui y est revendiquée par ceux qui en sont les concepteurs est le terreau de l'indifférenciation. Il est donc inévitable que les choses se passent mal, sauf à isoler les détenus entre eux dans des proportions maximales, ce qui n'est rien d'autre qu'une mort sociale et psychologique, avant d'être la mort réelle. Rehausser les murs entre les détenus est probablement un supplice pire que ceux des siècles passés. « Pire que la mort, on devient fou » ai-je entendu…

Les modalités d'expression de la peur changent de physionomie. L'hygiénisme de la fin du 19e siècle étant passé, on n'est plus, du moins dans les sociétés occidentales, dans le sacrifice sanglant, dans la torture physique où les suppliciés sont exposés, nus, aux instruments tranchants. Michel Foucault fait remarquer que la « liturgie pénale »[97] ne s'intéresse plus au corps, mais à l'âme. Est-ce pour autant

---

[95] Dormoy, Nadine, L'univers de René Girard, D Cohen Ed 2018 p 181

[96] Orsini, C René girard, Que sais-je 2018 p 58

[97] Foucault Michel, Surveiller et punir, Gallimard 1975 p 58

que le sacrifice a disparu ou que le supplice n'en est plus ? Il faudrait faire preuve d'une grande hypocrisie pour dire que les peines psychologiques sont mieux supportées que les anciens supplices physiques. Terestchenko [98]fait remarquer que les tortures psychologiques (privations sensorielles en particulier) n'ont rien à envier, en termes de cruauté, aux supplices d'antan.

Il n'est pas de notre propos de faire une analyse exhaustive de la peur, tant dans ses dimensions neuropsychologiques que dans ses expressions cliniques ou pathologiques. On se bornera à poser la question : « pourquoi avoir peur de l'autre ? » « Mise à l'écart de ceux dont on a peur » dit Baker à propos des 70 000 détenus[99]. Pour autant, l'épouse du voleur n'en a pas peur, pas plus les enfants de l'escroc, et encore moins les parents du trafiquant.

Nonobstant, au comptoir du café de la poste, on me dira : « tu n'as pas peur en prison, face à tous ces violeurs, criminels ? » Et les gens d'imaginer que, si toutes les portes des établissements carcéraux s'ouvraient pour libérer la totalité des détenus, les rues se verraient remplies de monstres psychopathes assoiffés de sang ! Il n'en est rien bien sûr, et l'immense majorité des détenus ne posent pas de problèmes de « dangerosité » [100] publique. Certes, le violeur fait peur, mais il n'est dangereux que pour un nombre très réduit de personnes puisque l'énorme majorité des viols se font dans le cercle familial ; le meurtrier affole les populations, mais, là encore, l'acte violent ne se fait que dans un cadre particulier (règlement de compte dans des affaires

---

[98] Terestchenko, M, Du bon usage de la torture, La découverte 2008

[99] Baker, C, Pourquoi faut-il punir ? p 153 texte publié sur internet

[100] Le terme de dangerosité, emprunté à la criminologie actuelle, est une notion très discutée. Ce concept, essentiellement statistique, revient à définir les personnes en fonction de critères normatifs, ce qui est très largement contestable.

de stupéfiants, ou rixes trop alcoolisées entre voisins, co-squatters, camarades de soirées.)

Il y a plus de risques de mourir en se noyant dans sa piscine, dans un lac ou la mer que d'être poignardé dans la rue. Pourtant, on aura tendance à se méfier du terroriste susceptible de surgir à chaque instant dans le cinéma où l'on se réjouit d'un bon film, mais pas de la voiture dans laquelle on monte et où il y a cent à deux cents fois plus de chance de mourir.

Cette peur s'enracine sur des représentations qui, comme toutes les représentations, ne sont pas directement analysées. On ne change pas simplement une représentation, surtout quand elle s'inscrit dans un registre culturel. Le racisme, peur de l'étranger en tant que tel, pour ne donner qu'un exemple, est une représentation qui se transmet de génération en génération, et perdure sous des formes variées au cours du temps, mais le fondement reste le même, une méfiance à priori et des réactions d'exclusion. Aux États-Unis, mais on pourrait sans doute effectuer les mêmes analyses en France, l'incarcération de masse est l'expression du ségrégationnisme raciste. Cette violence légale infligée aux latinos et noirs américains est la même, à quelques différences de moyens près, que celle exercée sur ces populations aux grandes heures de l'esclavage.[101]

La peur est le premier sentiment qui apparait dès lors que l'on comprend autrui comme dangereux : « j'ai eu peur parce que je suis nu et je me suis caché » dira Adam[102]. Cette peur est exactement l'inverse de ce que dira Adorno : « Tu es aimé lorsque tu peux te montrer faible sans provoquer une réaction de force ».

Dès lors, les prisons et les établissements carcéraux sont des espaces où se concentrent les peurs : si l'autre est

---

[101] Michelle Alexander développe ce thème dans « La couleur de la justice » Syllepse 2010

[102] Gn 3 10

vraiment un loup, alors il y a toutes les raisons de s'en méfier. Mais, pour utiliser un vocabulaire nietzschéen, la meute de chiens sauvages est en nous, pas en dehors, et le clivage entre violence et douleur est d'abord interne.

5- Des réalités de la punition

C'est la part pauvre de nous-mêmes que l'on enferme, parfois à notre insu. Telle la drogue dans les cales du Karaboudjan que transporte sans le savoir le capitaine Haddock.[103] Le cargo qu'est notre vie, dont la tête peut-être bien malade - le capitaine Haddock est alcoolique, une sorte d'épave, triste sort pour un marin - est gouverné par quelques puissances occultes (Allan, le second félon dans l'aventure de Tintin). Il y a peu de difficultés à repérer le ça, dont les expressions peuvent mener où nous ne voudrions pas. Nul n'est vraiment maitre de son être, de son corps, de son psychisme. D'où la tentation de ne pas voir, de laisser dans ses cales inconscientes les poisons les plus violents, ces drogues qu'on aimeraient savoir maitriser. Ce n'est pas un hasard, et nous y reviendrons, si les réglementations autour des drogues sont si contraignantes. C'est aussi ce qui fait vivre, du fond des cales, le meilleur comme le pire.

Dans une société, ceux qui sont « nus » du point de vue financier, relationnels, cognitifs, sont les pauvres. Ces pauvres sont ceux qui, en nous, réfléchissent notre propre vulnérabilité que nous ne pouvons supporter de regarder en face. N'importe qui vole, tue, viole, rackette, escroque, dégrade, calomnie, se livre à des commerces illicites ou enfreint une loi quelconque. Ce ne sont pas, sauf exception rares, les riches qui sont condamnés, ce sont d'abord et avant tout les pauvres. À tel point qu'une des premières définitions

[103] Hergé, le crabe aux pinces d'or. Pour une analyse psychanalytique de Tintin, on peut se référer à Apostolidès, JM Les métamorphoses de tintin, Flammarion Paris 1984

d'un établissement carcéral est : « un lieu où l'on met les pauvres ». Presque tout ce que désirent les pauvres est puni de prison.

Seule la manière de commettre une action non souhaitable change. Le pauvre qui désire un peu plus d'argent va dérober quelques sous dans le sac de la vieille dame. Le riche préfère tricher avec le fisc, ou tromper son assureur, ou rédiger quelques fausses factures[104]. L'individu fragile qui n'arrive pas à contrôler ses pulsions sexuelles finira par violer la fille de sa voisine, ou la sienne. Quand on est riche, il vaut mieux s'adonner au tourisme sexuel[105], lequel nécessite un minimum de moyens… Le violeur pauvre passe aux assises et s'en ira purger une peine de dix ou quinze ans, tandis que le riche libidineux, aux antipodes, n'aura pas vraiment de problèmes. Si on a de grands biens, on pourra acheter quelques hectares en Champagne, Bordelais ou Bourgogne et vendre de bonnes bouteilles de la drogue la plus dangereuse que l'homme connaisse, l'alcool[106]. Si on voit le jour dans quelques banlieues où l'horizon est le chômage, on se contentera de vendre les drogues des pauvres : cannabis, héroïne, cocaïne… L'individu qui n'arrive pas à réprimer quelques pulsions violentes pourra un jour, l'alcool aidant, commettre un geste malheureux. S'il est très riche, il pourra assouvir sa violence par spéculation boursière interposée et, en faisant varier à son profit les cours des alimentations de

[104] On lira, en particulier, le chapitre 2 du livre de M et M Pinçon La violence des riches Zones 2013, où les auteurs dénoncent « la délinquance financière (qui) ne se voit pas, on a l'impression qu'elle n'existe pas, alors qu'elle a un impact sur l'économie globale bien plus fort qu'un petit dealer » p 61

[105] « Vers un tourisme sexuel de masse » Le monde diplomatique Aout 2006

[106] Voir les divers travaux de Lachenmeiera et Jürgen Rehm, entre autres études : Sci Rep. 2015 Jan 30;5:8126. doi: 10.1038/srep08126. Source : Pubmed

base, affamer réellement des populations entières au fin fond de l'Afrique, en commençant par les enfants.[107]

Histoire de regard que les détenus ressentent avec beaucoup d'amertume. « Il y a deux justices », disent-ils, non sans raison.

Les premières expériences du paradigme punitif se font, le plus souvent, dans la petite enfance. Maurel note que 80 à 90 % des enfants battus à un moment ou à un autre deviennent violents[108]. Ces violences sont une constante dans l'histoire de l'éducation et ont revêtu des formes diverses, des brutalités physiques extrêmes aux humiliations verbales. Tout soignant en milieu carcéral sait bien que la grande majorité des détenus a eu une enfance chaotique, entre alcool, violence et manque d'affection. Il y a là constatation d'une grande banalité. Ce qui est très étonnant, c'est que les magistrats continuent d'imputer au délinquant une faute dont ils ne sont en rien coupables. Comme si la faute des parents se transmettait, tel le péché des origines, sur les enfants : « que son sang retombe sur nous et sur nos enfants »[109]. Certes, on aura vite fait de dire : « tous les enfants battus ne deviennent pas délinquants ou violents », mais il est totalement impossible de comprendre les capacités de désistance[110], de résilience, de pardon même[111], propre à chacun. Condamner tel individu parce qu'il n'a pas fait la rencontre décisive, au bon

---

[107] Voir Ziegler J, Destruction massive. Géopolitique de la faim, Paris, Le Seuil, 2011

[108] Maurel O la violence éducative, l'instant présent 2012 2015 p 25

[109] Evangile de Matthieu 27 25

[110] Le concept de désistance a été forgé principalement au Canada, et étudie les trajectoires de sortie de la délinquance. Parmi les facteurs importants de bon pronostic de sortie de la délinquance, il est noté l'estime de soi, les liens de famille, les possibilités d'emploi. Ces facteurs sont à peu près totalement occultés par une incarcération.

[111] On peut citer le témoignage, rare il est vrai, de Maïti Girtanner, profondément torturée par les nazis, et qui déclarera : « très très vite, j'ai eu le désir fou irrépressible, de pouvoir pardonner à cet homme » Journal La Croix 31 3 2O14.

endroit et au bon moment, n'est pas justice. C'est simplement stigmatisation d'un échec, celui de donner à chacun toutes les chances. Ajoutons que c'est facile, voire hypocrite, de punir celui qui, battu enfant, n'arrive pas à sortir de la violence, ce d'autant que cette violence est celle-là même à laquelle il aspire, imitant envers et contre tous et toutes les figures éducatives qu'il a eues face à lui et qui sont les fruits même de l'obéissance pour laquelle il a été éduqué. « Quand on éduque un enfant, il apprend à éduquer », « quand on fait la morale à un enfant, il apprend à faire la morale ». Quand on tue son intériorité, il apprend à tuer. Il n'a alors plus qu'à choisir qui tuer : lui-même[112], les autres, ou les deux »[113].

Alice Miller montre que la plupart des grands criminels, de Sade à Hitler en passant par Staline ont eu une petite enfance marquée par la violence. « Je suis absolument persuadée que derrière tout crime se cache une tragédie personnelle »[114]. Dès lors, punir à postériori celui qui a été violenté ne fait que reproduire fidèlement, oserions-nous dire, les conditions de cette violence. Le criminel ou le délinquant, quand bien même son forfait serait-il odieux, est d'abord victime. On verra plus loin qu'innocenter l'infracteur ne signifie en aucun cas annuler l'acte et encore moins méconnaitre la souffrance des personnes blessées, volées, escroquées, voire tuées. C'est précisément parce que cette souffrance, celle des offenseurs autant que celle des victimes, doit être entendue qu'une instance doit être mise en place. Cette médiation est l'ambition affichée de la justice

---

[112] 121 suicides en détention en 2010. In Les conditions de détention en France, Rapport de l'OIP, La découverte, 2012 p 228

[113] Miller A c'est pour ton bien Champs Essais, 1984 p 140

[114] Id p 240

restaurative, qui constitue une voie possible de dépassement de la justice pénale.[115]

Ces violences aux enfants n'ont été, à de rares exceptions près, dénoncées que très récemment, et une des grandes questions de Maurel aura été : pourquoi tant et tant de penseurs, et pas des moindres, ont-ils méconnu cette réalité anthropologique ? Une des réponses qu'il propose est simple : parce ce que ces penseurs on eux-mêmes été, à des degrés divers, victimes. La contestation de cette violence ne peut pas venir de ceux qui l'on subit, ce serait parricide. Précisons aussi qu'aller contre des représentations aussi anciennes est crime de lèse tradition, qui peut avoir des conséquences graves. C'est ce que l'on voit, certes dans des domaines différents, ce qui advient aux hommes et aux femmes qui osent aller contre les habitudes vestimentaires, ou les blessures symboliques (circoncision, excision, etc.) ou les codes inhérents aux plaisirs dans certaines cultures ou pays : une exclusion. Or rien n'effraie plus un enfant, et plus tard un adulte, que le bannissement, l'exclusion. Dans les sociétés nomades dont l'Occident est l'héritier, une exclusion signifie la mort.

Pourtant, dès le 16e siècle, Montaigne avait écrit dans ses Essais : « Je trouve que nos plus grands vices prennent leur pli dans notre plus tendre enfance, et que notre principal gouvernement est entre les mains des nourrices » Montaigne propose « dans une sévère douceur » une certaine discipline des corps, mais sans châtiments corporels. Il faudra attendre le 21e siècle pour que soit banni, et encore pas dans tous les

[115] Zehr, H la justice restaurative, Labor et fides 2012 L'auteur expose le concept de base de cette justice : toute infraction nait dans une communauté, à laquelle appartient l'infracteur et la victime. Ce sont les besoins, tant de l'infracteur que de la victime, qui sont au cœur de la justice restaurative, pas la punition. Le crime est une blessure contre la communauté, pas contre une loi ou un Etat.

pays, les châtiments physiques aux enfants. Reste à éliminer les violences verbales…

Passé l'enfance, le paradigme punitif se manifeste sur les pauvres. Punir reste, tout comme dans le monde de l'enfance, une souffrance infligée, qui doit s'appliquer à l'auteur de l'infraction, être imposée intentionnellement par une autorité. Dès lors, le monde carcéral devient un lieu où, d'abord, on enferme les pauvres. Et le pauvre rentre dans le cadre : il souffre de sa condition et il souffrira dans le milieu carcéral. Il commet des infractions - souvent de moindres gravités que les plus riches- [116] et en paiera le prix, et il a contre lui une loi qu'il ne connait pas, ou peu. La loi que connait le pauvre est d'abord celle de la survie, de la débrouille, du « bizness », des petites illégalités pour avoir le sentiment d'exister. « La prison est incontestablement la méthode sociale la plus couramment admise depuis plus de 200 ans pour remédier à la délinquance. »[117] Étant entendu que délinquance rime presque exclusivement avec pauvreté et jeunesse. Tocqueville avait noté il y a bientôt deux siècles, non sans une grande clairvoyance, que « La législation civile et criminelle des Américains ne connait que deux moyens d'action : la prison et le cautionnement. Le premier acte d'une procédure consiste à obtenir caution du défendeur ou, s'il refuse, à le faire incarcérer ; on discute ensuite la validité du titre ou la gravité des charges. Il est évident qu'une pareille législation est dirigée contre le pauvre, et ne favorise que le riche. »[118] Ne soyons pas trop américanophobes, le

---

[116] On lira en particulier : Mucchielli, L'invention de la violence, Fayard, 2011, au chapitre 5, intitulé : « délinquance des pauvres, délinquance des riches, une inégalité flagrante » où l'auteur montre qu'à infraction égale, le riche risque beaucoup moins, même pour des crimes graves comme le viol.

[117] Lecu, Anne, La prison, un lieu de soin ? Les belles lettres 2013 p 25

[118] Alexis de Tocqueville De la démocratie en Amérique, folio histoire Gallimard 1961 1986 p 92

système pénal français ressemble aussi à celui qui existe outre Atlantique, ce d'autant que Tocqueville avait déjà remarqué que les lois européennes avaient été exportées avec les pilgrims, qui n'étaient pas seulement Anglais…

Le pauvre n'est pas puni pour rien. C'est un être séparé, exclu donc, au vrai sens du mot, sacré. Comme une figure d'étranger, d'étrange, d'anormal voire de monstre. Il est donc, avant même de craindre qu'il vienne « manger le pain de notre bouche », possible objet de sacrifice. « L'exclusion violente d'une victime arbitrairement choisie est le principe même qui génère le sacré » explique Dumouchel.[119] Bien sûr, ce sacrifice n'est pas visible et tout juge affirmera qu'il ne s'agit que du respect de la loi. Mais l'État moderne acquiert « le monopole de la violence légale »[120]. Cette violence semble d'autant plus légitime que le pauvre « nous casse les oreilles de ses cris »[121] et qu'il ne prend pas toujours, il est vrai, les moyens les plus pacifiques pour réclamer quelque chose. On n'accepte pas, ou peu, que le pauvre ne soit pas responsable. Comme si le pauvre devait s'accuser d'être pauvre. C'est ce que Dumouchel appelle « l'aide punitive ». Comme les nerfs honteux qui innervent le petit bassin où se situe l'intimité à cacher, le pauvre doit être tenu à l'écart et invisible dans la société. Le milieu carcéral remplit parfaitement ce rôle. Le pauvre y est exclu de la société, indigent, et doit considérer que l'Etat est encore -trop- bon de lui donner le gîte et le couvert. Le pauvre, victime sacrificielle, devient totalement responsable de son malheur et de son châtiment et, bâillonné, doit accepter sa mise à mort.

Bien sûr on dira, au café de la poste, qu'il est particulièrement désagréable de se faire voler sa voiture, de

---

[119] Dumouchel Paul, l'aide sociale punitive, revue Etude, octobre 2017 p 15

[120] Id p 16

[121] Evangile de Matthieu 15 23

se faire agresser dans la rue pour quelques euros, de rentrer chez soi et constater que d'autres s'y sont servi sans état d'âme et en laissant un désordre indescriptible en prime. Mais se centrer sur des actes, socialement marqués, fait oublier pourquoi certains en sont venus là. On supporte mal les incivilités et assez bien, somme toute, l'escroquerie à sa compagnie d'assurance. Les délinquants en cols blancs sont peu sanctionnés. Mais la bousculade et l'arrachage de sac dans un transport en commun est visible, pas le détournement d'impôts ou le blanchiment d'argent « sale ». « Plus que jamais la justice s'abat sur les plus faibles et sur les phénomènes les plus visibles » dit Mucchielli en conclusion de son travail[122]

En fait de pauvres, ceux qui sont punis sont les jeunes pauvres. 46 % des détenus ont moins de 30 ans et 26 % entre 30 et 40 ans[123]. Cette population est majoritairement peu cultivée et sans emploi ou qualification : 48 % n'a pas de diplôme, 80 % n'a pas un niveau scolaire supérieur au CAP et 27 % présentent des difficultés importantes en lecture et écriture[124]. C'est peu de dire que pour ces populations, l'incarcération est double peine : privation de liberté et perte d'un faible espoir d'un travail ou d'une formation qualifiante. Cette jeunesse, souvent scolarisée en lycée professionnel, y est plus souvent punie. Constatant, pense-t-il, une augmentation des violences scolaires, Soubelet affirme : « seule l'immédiateté et la fermeté des sanctions peuvent enrayer la spirale de cette violence »[125]. En répondant par la violence au seul langage que beaucoup de jeunes connaissent, on voit mal comment ils pourraient sortir de cette « spirale », qui consiste à commettre un acte

---

[122] Mucchielli L l'invention de la violence Fayard 2011

[123] Chiffres : ministère de la justice, année 2015

[124] OIP dossier de presse 20 9 2016

[125] Soubelet, Bertrand, Sans autorité, quelle liberté ? L'observatoire, 2017 p 121

indésirable qui attend, plus ou moins inconsciemment, une violence en retour et qui justifiera, plus tard, une vengeance. Ce « don-contre don noir » est tellement inscrit dans les représentations qu'il semble même inconcevable de ne pas punir. Et les punis eux-mêmes, parfois, ne comprennent pas qu'il puisse en être autrement.

L'augmentation très importante de criminalisation de la pauvreté (quoique le phénomène ne soit pas si récent) n'a pas de rapport avec une quelconque multiplication des actes délictueux. L'État, qui ne tire plus comme auparavant sa légitimité des conquêtes guerrières, tend à devenir une instance paternaliste, au sens classique du terme. Ce nouveau paradigme est encore plus visible aux États-Unis, dont le taux d'incarcération est l'un des plus élevés au monde, soit environ 700 pour 100 000 habitants. La France se situe dans une moyenne basse (99,9, au 1 1 2015[126]). Nils Christie fait remarquer que l'activité punitive devient une entreprise à but lucratif, qui repose sur la criminalisation à outrance. Le crime est une création. Ce n'est pas parce qu'un individu est criminel qu'on le punit, c'est parce qu'il est puni qu'il le devient.[127] Les jeunes pauvres, en tant que population défavorisée, mais crainte, deviennent les victimes désignées, même si les actes de délinquance sont, en France, à un niveau très bas comme jamais dans l'histoire. Il est vrai que sont étiquetés crime ou actes de délinquance des faits qui, autrefois, n'étaient pas dénoncés. Le seul problème, est « le creusement des inégalités… la précarité salariale et sociale »[128]. Wacquant montre, comme le fait Alexander[129], que la politique du tout carcéral correspond à un ghetto social. Il va jusqu'à mettre en parallèle l'augmentation du chômage -pour une part- et l'augmentation du taux

[126] Source : ministère de la justice
[127] Christie Nils, l'industrie de la punition, Autrement 2013
[128] Wacquant, L, les prisons de la misère Raisons d'agir, 1999 p 60
[129] Alexander, Michele, la couleur de la justice Syllepse, 2017

d'incarcération. Il cite la formule de Bruno Aubusson de Cavarly : « l'amende est bourgeoise et petite bourgeoise, l'emprisonnement avec sursis est populaire, l'emprisonnement ferme est sous prolétaire »[130].

Le risque d'incarcération est maximal si un individu cumule à la fois le fait d'être jeune, d'être étranger et pauvre[131].

Mais l'extension du punitif ne se fait pas seulement sur les pauvres et les jeunes. Une population se retrouve très volontiers incarcérée, c'est le malade psychiatrique. On ne pourra pas, dans le cadre de ce livre, aborder les nombreuses questions liées à la pénalisation des patients atteints de pathologies psychiatriques. Quantité d'auteurs, dont Foucault, avaient déjà largement exploré cette réalité sociale, non sans en stigmatisant les ambiguïtés. Le simple fait que la santé mentale soit dévolue au ministère de la Santé et non plus au ministère de l'Intérieur comme autrefois montre, s'il en est besoin, la difficulté d'appréhension de ceux que l'on appelle « fous »

Prison comme lieu d'enfermement de ce -et ceux- qui fait peur. On comprend que la frontière entre psychiatrie, prison et établissement carcéral soit floue. Le fameux tableau « le cri » d'Edvard Munch évoque aussi cet enfermement en soi même, dans la terreur ou la folie. Dans un service de psychiatrie, les malades disent, pour la plupart, ne pas se supporter en eux-mêmes. « Je voudrais m'en sortir… » Sortir est un mot difficile dans un centre carcéral : on compte les jours, mais aussi on redoute d'être, dehors, de nouveau livré - et enfermé - en soi même, dans des démons que l'on aurait bien aimé se débarrasser. L'établissement carcéral est « un

[130] Également cité par Fassin, D l'ombre du monde, Seuil 2015 p 61

[131] On lira le dernier chapitre du livre de Didier Fassin, Punir, une passion contemporaine, Seuil, 2017, Qui punit-on ? En gardant en mémoire que le système français tend à suivre le « modèle » étasunien, dont le caractère raciste semble évident.

lieu diabolique » dit Ferri[132] « chaque cellule se présente comme un sépulcre »[133] et on se souvient que, dans l'antiquité, les maladies psychiatriques étaient volontiers assimilées à des possessions diaboliques. Le fou, comme le délinquant, fait peur, et c'est pour cela qu'on l'enferme.

« Et aussitôt que Jésus eût débarqué, vint à sa rencontre, des tombeaux, un homme possédé d'un esprit impur : il avait sa demeure dans les tombes et personne ne pouvait plus le lier, même avec une chaine, car souvent on l'avait lié avec des entraves et avec des chaines, mais il avait rompu les chaines et brisé les entraves, et personne ne parvenait à le dompter. Et sans cesse, nuit et jour, il était dans les tombes et dans les montagnes, poussant des cris et se tailladant avec des pierres »[134]. Aucun psychiatre, diagnostiquant un état psychotique chronique, n'aurait hésité à prescrire son neuroleptique préféré, à bonne dose de préférence, et dans une unité adaptée, selon les modalités de la loi d'hospitalisation sous contrainte. Mais le texte ancien lie étroitement chaines, folie, peur, violence, trouble social. Toutes sortes de phénomènes qui répondent autant à la loi pénale : trouble public, menace auto ou hétéro agressive, qu'à la médecine. Se taillader soi-même est considéré comme un symptôme dépressif ou psychotique, taillader autrui est toujours, même sous l'emprise de substances agissant sur la conscience, considéré comme délictueux. Pourtant, il s'agit toujours de violence. On prétextera que le fou qui se taillade n'est dangereux que pour lui-même, bien que l'expérience quotidienne en milieu carcéral montre qu'il suffit de bien peu de chose pour que le geste soit donné sur soi-même, exactement comme sur un autre. Se punir soi-même, comme punir autrui, reste une expression de la croyance au paradigme punitif.

---

[132] Ferri Tony, Emprisonner et surveiller, Ed Bréal 2016 p 66
[133] Id p 68
[134] Mc 5 5

On estime qu'environ 20 % des détenus seraient atteints de troubles d'ordre psychotique[135] et autant de troubles, type dépression, anxiété, névroses diverses. Au-delà des chiffres, on retiendra qu'« enfermer nuit gravement à la santé »[136], et à la santé psychique en particulier. La plupart des détenus, surtout en cas de courtes peines, restent en maison d'arrêt où les promenades sont brèves et où il n'y a pas, sauf exception, de travail. Dans ces conditions, et outre une promiscuité mal supportée par les détenus fragiles, l'occupation principale reste la télévision, dont le caractère nuisible est dénoncé.[137] S'en aller jusqu'à une pathologie psychiatrique avérée, l'apathie engendrée par l'inactivité se révèle une bombe à retardement quand, après des mois ou des années d'ennui, le détenu reprendra une vie « normale ». On voit, surtout dans le cas des longues peines, des personnes incarcérées appréhender leur sortie, et développer des accès d'anxiété importants.

Le malade psychiatrique, à tort, est considéré comme dangereux, bien que la majorité des patients ne posent pas de problèmes d'agressivité, sauf parfois contre eux-mêmes[138]. Mais il suffit qu'un psychotique, comme cela arrive rarement, commette un geste regrettable, pour que toute la société s'en émeuve à l'excès et réclame plus de sévérité[139] contre ces personnes dont -dit-elle- on n'a pas assez bien mesuré le degré de dangerosité. Ce concept de dangerosité,

---

[135] Rapport OIP la découverte 2011 p 176

[136] Selon un titre de la revue du GENEPI

[137] Desmurguet M, TV lobotomie. La vérité scientifique sur les effets de la télévision, Paris, éd Max Milo 2011

[138] Les individus présentant un trouble mental sévère seraient les auteurs de 5 % des infractions criminelles avec violence. Fazel S. Grann M. The population impact of severe mental ilness on violent crime. Am J Psychiatry 2006; 163: 1397-403.

[139] Les non lieux pour raison psychiatriques diminuent d'année en année : 518 en 1988 contre 159 en 2008 Source : rapport de l'OIP 2011 p 184

développé dans les milieux criminologiques, reste très sujet à caution. Rappelons que le terme est apparu en 1885 dans l'ouvrage de Garofalo [140] et revêt des significations très différentes selon que l'on se place du point de vue psychiatrique (pathologie spécifique), criminologique et psycho-criminologique (milieu social) ou positiviste (dangerosité « innée »). En tout état de cause, il ne s'agit que de statistiques, dont sont issues des échelles actuarielles, d'abord établies dans des perspectives assurantielles.[141] Sur le plan éthique, on ne peut que s'interroger sur la pertinence de juger et condamner un individu sur le simple fait qu'il appartient à une catégorie statistique particulière. Or, selon les critères criminologiques, ces personnes seront maintenues plus longtemps en détention. De plus, l'étiquette « violent » colle à la peau de la personne et il lui est quasiment impossible de s'en défaire.

Ainsi M A. que je vois pour la première fois à l'UCSA, transféré d'un autre centre pénitentiaire et arrivé la veille. Le surveillant me demande si je souhaite qu'il reste durant l'entretien, prétextant que ce détenu a un lourd passé de violence sur le personnel, et qu'il est condamné pour blessures volontaires sur autrui. Je décline la proposition. Après quelques moments d'échange, M. A. retenant difficilement ses larmes, me dit : « vous savez, chef, pardon, docteur, je ne suis pas méchant… ». On voit des personnes, rejetées de tous et indésirables même en prison, trainer de quartiers disciplinaires en quartier d'isolement, faire le tour des établissements français sans trouver la porte de sortie. Ces personnes, qui répondent en général à la définition « psychopathes » finissent mal la plupart du temps. Mort

---

140 Garofalo R., *La criminologie* traduction française. 2ème édition. *Alcan , 1890*

141 Dr. G. Niveau, *Evaluation de la dangerosité et du risque de récidive* éd. L'Harmattan. 2012 p. 15

violente, surdosage de produits toxiques, excès de tabac, d'alcool. Depuis leur plus jeune âge, ces « psychopathes », personne n'en veut. Ni la psychiatrie - pas assez fous pour être psychotiques ; pas assez structurés pour être dépressifs ou névrosés- ni le milieu carcéral - pas assez « intelligents » pour comprendre le « sens de la peine », mais pas assez oligophrènes pour vivre en maison d'accueil spécialisée ou foyer occupationnel- ni, bien sûr, la société en général. Rares sont les associations qui accueillent ces pauvres hères, condamnés à végéter des années dans les geôles. Pourtant, pour peu que l'on s'en donne les moyens, des approches sont possibles, en particulier via la médiation animale. L'anamnèse des troubles retrouve presque toujours des carences affectives très sévères, et une existence marquée par « l'instabilité, l'impulsivité et l'inadaptation »[142]. Ces individus que personne ne souhaite avoir comme voisin de palier n'ont avec leurs semblables que des relations de violence, auxquelles les pouvoirs judiciaires n'opposent que le « rappel à la loi ». Bien entendu, la seule loi qu'ils connaissent est celle de la violence et dont, précisément, ils n'arrivent pas à se débarrasser. « Tenter de définir les notions de Bien ou de Mal à partir d'une action quelconque censée personnifier la Morale et justifier tel ou tel châtiment est à l'évidence une démarche sans fondement, qui non seulement ruine toute idée de Norme, mais oblige même à douter de l'existence d'une quelconque loi morale naturelle... »[143] écrit Morin. L'auteur continue, en montrant que les jeunes « asociaux » ne peuvent pas accéder à une quelconque référence morale, tout simplement parce qu'ils ne peuvent pas déceler un jugement à partir d'une sensation, laquelle est

---

[142] Lempériere Th, psychiatrie de l'adulte, Masson, 1981 p 134

[143] Morin et al. « Référence à la loi ou harcèlement moral : le rappel à la loi, souvent invoqué par les soignants, est-il une réponse pertinente aux conduites dérangeantes et asociales » L'information psychiatrique vol 88 N° 2 février 2012 p 111

particulièrement instable chez le « psychopathe ». Morin propose une sensibilisation aux propres sentiments du jeune, pour qu'il découvre par lui-même celles dont il est esclave ou non, et l'écart entre ces sensations et les représentations qu'il peut avoir par rapport à la liberté, au respect d'autrui, à leur caractère à priori naturel ou non.

Punir le malade psychiatrique signifie venir à bout de la pathologie psychique par la coercition. Or, rien n'est moins sûr puisque le propre du soin, chez le patient psychiatrique, est de l'aider à se construire, ou se reconstruire, dans sa propre liberté ; qu'il puisse accéder, advenir à une parole. Or, dans un cadre punitif, la parole est, par définition, exclue, et tout y est fait pour qu'elle soit la plus inaudible possible. On se souvient qu'il était interdit aux détenus de parler entre eux jusqu'en 1972. D'où l'inflation des protocoles, des logiciels, des sigles, des écrits, des procédures, des évaluations, qui sont autant de moyens de remplacer l'esprit par la lettre. « La fixation de l'écrit met en danger la parole »… « Manifestations de l'absence de parole vive, d'interlocuteur »[144]. En milieu carcéral, le pleur devient crise dépressive, le mal de ventre névrose, la tentation de fuir dans des images irréelles, psychose, un moment de colère comportement agressif, une injure, acte de rébellion. La prison est le lieu de transformation des expressions en algorithmes, jusqu'à ce qu'il n'y ait plus besoin de juges, ou simplement de médiateurs. Anne Lécu fait remarquer que même les velléités suicidaires ne font l'objet que d'une réponse technique : « DPU : dispositif de protection d'urgence », en dehors des initiatives très ponctuelles, parfois, des surveillants ou des interventions médicales, forcément limitées.

En matière de pathologie psychiatrique, la question du suicide se pose avec une grande acuité. En effet, le taux de suicide en prison est environ sept fois plus important que

[144] Lécu Anne, la prison, un lieu de soin ? les belles lettres, 2013 p 176

dans la population générale[145]. Quand survient ce drame, l'administration pénitentiaire est traversée par une contradiction qu'elle vit mal. D'une part, le détenu, déjà socialement mort, ne fait qu'aller par lui-même jusqu'au bout de la logique qui aura été à la base même de son incarcération, mais d'autre part, il manifeste son ultime évasion, sorte de tragique pied de nez à la justice. Cette ambivalence est très mal ressentie par l'administration pénitentiaire, qui se sent coupable de n'avoir pas assez surveillé la personne -c'est l'essence même de la punition- et qui cherche à renchérir jusqu'à l'insupportable dans le contrôle (pyjama anti-suicide, réveils nocturnes incessants, vidéo surveillance, aide par un autre détenu sur qui repose le rôle inadmissible de « soignant »). Mais, dans un même temps, force est d'admettre que tout le monde pense très fort : « bon débarras ! » puisque le geôlier n'a pas, dans le cadre punitif qui lui est imparti, à ressentir la moindre sympathie pour les personnes dont il doit -c'est son métier- pourrir la vie (selon l'expression entendue par des détenus). Boucher, dans son ouvrage « La nuit carcérale »[146] fait remarquer que Durkheim ne parle pas de suicide en établissement carcéral, et que cette problématique est relativement récente. Faut-il voir là l'avènement de l'humanisation des prisons dont nous parlerons plus loin ? Rien de moins sûr. Les établissements carcéraux nouvellement formés et pourtant aseptisés ne font pas baisser les taux de suicide, et les détenus disent s'y sentir déshumanisés. On se souvient que c'est à Vivonnes, établissement pourtant récent et bénéficiant de davantage de confort (douches individuelles, locaux propres, davantage de lumière) que des détenus ont mis le feu en septembre 2016. Boucher note : « la monstruosité de la prison ne tient pas… à

---

[145] Source : INED

[146] Boucher M, Thèse de doctorat d'histoire, Paris 7 26 3 2010 chapitre 10

ses conditions matérielles, fussent-elles scandaleuses comme elles l'étaient en France avant les révoltes de 1974 : elle tient au fait qu'elle met le prisonnier en face de son propre néant »

Le suicide pose la question centrale de l'évasion. Nous y reviendrons.

Signalons cependant que le suicide, question philosophique centrale (« il n'y a qu'un problème philosophique, c'est le suicide » dit Camus[147]) et qu'elle pose, entre autres, les relations complexes entre autopunition et mort volontaire : « le suicidé est déjà coupable ; se tue qui est écrasé du sentiment obscur d'une faute irréparable. Le suicide a bien souvent les allures d'une autopunition »[148] et Genet de rappeler le suicide de Phèdre, immortalisé par Racine, pétrie de culpabilité. Elle ajoute que, de nos jours, Phèdre se verrait simplement traitée de « gentiment folle. »[149] Rappelons que la tentative de suicide en prison était sévèrement punie, jusqu'à un passé relativement récent et le suicidé se voyait interdit de sépulture religieuse dans l'Église catholique.

Actuellement, le suicide est une sorte de sujet tabou dans le milieu carcéral. La punition pousse le détenu au geste ultime, mais en même temps, l'administration montre sa détermination, non à écouter la personne dans sa souffrance, mais à préserver la vie à tout prix, y compris par les moyens les plus discutables : cellules de protection d'urgence, surveillance par un co-détenu de soutien (CDS), dispositif de protection d'urgence (DPU)[150]. « Trop occupée à vouloir empêcher la mort, l'administration oublie de considérer la vie, les vies »[151] « Comme si l'obsession de la punition

---

[147] Cité par D Martz, H Genet : la lumière noire du suicide, Erès, 2012 p 27

[148] Id p 41

[149] Id p 63

[150] Drap anti suicide, vêtement déchirable …

[151] Anelli, Laure Dedans dehors, octobre 2018 p 14

devait l'emporter sur toute autre considération, y compris celle pour la vie »[152]. De fait, le suicide est vécu comme l'affirmation de l'ultime liberté, acte insupportable pour un juge. Le paradigme punitif ne s'intéresse pas à la mort parce qu'il ne s'intéresse pas à la vie.

L'extension du punitif, on l'a vu, se fait au détriment des pauvres, des jeunes, des étrangers et des malades psychiatriques. Il se fait aussi sentir d'une façon terrible pour les proches.

Entendu dans les consultations, par des détenus n'arrivant pas toujours à retenir leurs larmes :

« Je ne verrai pas ma petite fille faire ses premiers pas »

« Je n'ai pas la joie d'aller attendre mon petit garçon à la sortie de l'école »

« Ma compagne va accoucher seule… »

« Ma mère est malade, je ne suis pas là pour l'aider, peut-être mourra-t-elle sans qu'elle me revoie »

La question n'est évidemment pas de dire : « ils n'avaient qu'à y penser avant de commettre leur forfait », mais de se demander en quoi le nouveau-né, les parents, les proches sont coupables. Car c'est une punition très grande pour un enfant que ne pas connaitre son père, quand bien même ne serait-il pas parfait dans son éducation. C'est un supplice pour des parents de ne pas voir leur enfant, quelle que soit l'erreur qu'ils aient commise. Comment peut-on imaginer que priver un enfant de son père ou sa mère lui sera profitable ?

Les parents font toujours, avec les moyens qu'ils ont, tout ce qu'ils peuvent de mieux pour leur enfant. C'est un postulat, je l'admets, mais c'est le seul moyen de ne pas les culpabiliser. Car la culpabilité des parents est certainement un des pires sentiments qui soit. Le futur éducateur ne pourra que le reproduire. Humilier un père ne présage rien de bon, pas plus qu'un pays entier d'ailleurs, et on peut difficilement

[152] Id p 16

imaginer que l'on va « élever » un enfant, un individu, voire une nation… et les rabaissant. Bien des parents ont besoin d'une aide importante, et pas seulement bénéficier d'une AEMO, avec le passage d'un éducateur une fois par mois. Dans certains cas, ce serait plusieurs par jour qu'une présence serait nécessaire, exactement comme l'aide-ménagère et l'aide-soignante passent plusieurs fois par jour au domicile de la personne âgée dépendante et malade. Et nul ne s'en plaint.

Pour les familles proches des détenus (environ 500 000 en France), le paradigme punitif s'applique avec autant de rigueur, mais de façon plus discrète. Personne ne parle de la difficulté de se rendre aux parloirs, compte tenu du prix des transports, de l'éloignement souvent, de la nécessiter de poser des jours de congés parfois, et des tracasseries administratives. Les parloirs sont à la fois bénéfiques, mais anxiogènes, et on voit relativement souvent des personnes incarcérées dissuader leurs proches de venir les visiter, tant ils ont conscience des perturbations que cela leur procurent. De fait, les visites se font de plus en plus rares au fur et à mesure que se rallongent les peines. Les visites cristallisent aussi quantité de trafics et de tractations invisibles : introduction par les familles de substances illicites, rackets, tentatives d'intimidation, rivalités.

L'incarcération exclue les personnes des réalités sociales parmi les plus importantes : les rites, tels les enterrements, les célébrations religieuses, les fêtes et réunions scolaires, sportives. Ces lieux plus ou moins ritualisés ont évidemment une grande importance sociale et, à chaque fois qu'un détenu en est exclu, c'est toute sa famille qui se trouve marginalisée.

La privation de toute vie sexuelle est aussi un très puissant facteur, non seulement de troubles psychologiques, mais aussi de désinsertion. L'équilibre de vie familiale est un des grands facteurs de désistance, et la rencontre sexuelle en est un des piliers. La privation sexuelle est un « moyen de destruction de la personnalité »... « certaines violences muettes sont pires que n'importe quelle brutalité. Avec la sexualité, on dispose assurément de l'une des clefs les plus sordides de l'institution punitive. » [153] La création de UVF (unité de vie familiale, il y en a 120 en France au 1er janvier 2017) a pour objectif « Le maintien des liens familiaux, condition fondamentale de la réinsertion des personnes placées sous main de justice et de la prévention de la récidive, est une des principales missions de l'administration pénitentiaire qui l'exerce en collaboration avec les collectivités territoriales et ses partenaires (associations, prestataires privés...)[154].

En pratique, les UVF[155] ne sont pas vus d'un bon œil de la part des surveillants, compliquent l'organisation de la détention et, surtout, ne règlent aucune des grandes problématiques des familles : l'éducation des enfants au quotidien, rendue très difficile par l'absence, la nécessaire intimité des couples, et pas seulement « sur commande » une ou deux fois l'an, pendant quelques heures, la construction d'une vie de couple sur le long cours.

Des détenus m'ont fait part de leur crainte, le jour de la permission pour l'UVF, d'un souci génital quelconque. Dans la confiance des cabinets médicaux, nous recueillons bien des confidences sur les impuissances, les anorgasmies, les dysmorphophobies et bien d'autres soucis en relation directe avec la misère sexuelle dans laquelle sont plongés les détenus.

Même si, en dépit des interdictions, les téléphones portables circulent dans l'enceinte des geôles, les conversations téléphoniques avec les proches restent très

---

[153] Ricordeau G, les détenus et leurs proches, Autrement 2008 p 150 et suivantes

[154] Site du ministère de la justice

[155] « Baisodrome », selon une appellation argotique et péjorative du personnel de l'AP

limitées. Officiellement, les détenus peuvent appeler leurs proches des cabines téléphoniques situées dans les coursives. Mais les appels coutent cher, l'intimité des conversations non respectée et, finalement, ces liens sont très relatifs. Le CGLPL[156] souhaiterait que soient admis, sous certaines conditions, les téléphones portables en cellule, mais la question est à ce jour en suspens. Pourtant, dans certains pays nordiques, les détenus se servent d'internet sans problèmes[157]. Dans l'immense majorité des cas, les téléphones servent à parler aux proches, puis à effectuer des démarches professionnelles. L'usage des téléphones dans un but de délinquance ou d'évasion reste, selon toute estimation, très marginal.

Enfin, Marchetti[158] évoque le cas, certes peu fréquent, des femmes enceintes qui accouchent au sein de l'établissement carcéral. À 18 mois, le petit enfant est séparé de sa mère si celle-ci purge encore une peine. Nul besoin d'insister sur l'extrême violence que représente, tant pour la mère que pour l'enfant, ce déchirement.

Si le paradigme punitif s'applique aux proches des détenus, totalement innocents, ce n'est pas parce qu'un magistrat cherche à tout prix à aggraver une situation sociale problématique. S'il punit, et il ne s'agit pas seulement d'incarcération, une banale amende pour un délit mineur est aussi une punition, c'est qu'il est absolument persuadé que « justice doit être faite », quand bien même les effets que l'on dirait collatéraux sont évidents. Une sanction financière peut avoir des conséquences très importantes sur des bourses modestes et plonger des familles entières dans la misère. Du

---

[156] Contrôleur général des lieux de privation de liberté. Jean Marie Delarue, longtemps directeur, a été remplacé par Mme Hazan. le 17 juillet 2014

[157] Telle Bastoy, en Norvège

[158] Marchetti, AM Perpétuité, le temps infini des longues peines, Plon, 2014

coup, la punition, et quelques soient les conséquences pour le puni, est d'abord « le creusement des inégalités… la précarité salariale et sociale »[159].

Dans les milieux défavorisés, on constate, et il s'agit de poncifs, que les pères sont absents. Peu se posent la question de savoir où ils sont. Bien souvent, c'est en prison qu'il faut chercher ces pères[160], et les services éducatifs et sociaux feront des prouesses pour réparer ce que la justice pénale a brisé. Dans la mesure où les proches sont punis dans les mêmes proportions que les auteurs d'infractions, force est d'admettre qu'il « est impossible de dire aujourd'hui pourquoi l'on punit »[161]

---

[159] Wacquant L Les prisons de la misère, Raisons d'agir 1999 p 60
[160] Alexander M La couleur de la justice ed Syllepse 2010 P 253-5
[161] Nietzsche, cité par Fassin, D, Punir, une passion contemporaine, Seuil 2017 p 91

6- Des rôles traditionnels de la prison : réhabilitation et réinsertion, neutralisation et protection, dissuasion, rétribution, réaffirmation des valeurs

Si le fondement inavoué du punitif est la peur, la justification commune de la punition, et de l'incarcération qui en est le symbole parfait, tourne autour des quatre pôles : protection de la société contre des éléments considérés comme dangereux, réinsertion de ces individus, travail moral « rédempteur » c'est-à-dire surtout, et au-delà de l'aspect moralisateur « qu'ils rentrent dans le droit chemin », éviter que les personnes ne se fassent justice elles-mêmes et prévention des récidives, par le moyen de « l'exemple » et de la valeur de la dissuasion.

Foucault, qui a cherché à « faire une histoire de l'âme moderne en jugement », dégage quatre règles : la punition est une fonction sociale complexe, elle est une tactique politique, son histoire intéresse autant le social que le pénal, et l'évolution, au cours des derniers siècles, est celle de l'arrivée de l'âme dans le champ du pénal, en lieu et place du corps sous l'ancien régime. Si l'aspect politique est très présent dans l'œuvre foucaldienne, c'est que la punition apparait comme un instrument de pouvoir aux mains du roi puis, à partir du 19e siècle, comme une discipline du corps par la soumission de l'âme au service de l'État.

Sous l'influence de la religion chrétienne, le concept de rééducation-rédemption, a fait son apparition dans le champ pénal sur le socle bâti par les congrégations le plus souvent religieuses, tels les frères des écoles chrétiennes. Jean-

Baptiste de la Salle, en 1828, écrira : « par le mot de punition, on doit comprendre tout ce qui est capable de faire sentir aux enfants la faute qu'ils ont faite, tout ce qui est capable de les humilier, de leur donner de la confusion… un certain froid, une certaine indifférence, une question, une humiliation, une destitution de poste… »[162]. La punition s'intègre d'abord dans une discipline des corps, dans le but avoué d'un dressage. Ce dressage est, dans une perspective chrétienne, puis laïque ensuite, le prix à payer pour une « rédemption ». L'enfant, puis plus tard l'adulte, est marqué par la faute originelle et doit « payer » pour s'en laver. Durant le 19e siècle, où la société s'émancipe progressivement des références religieuses, les idéaux de rédemption, de conversion, de pénitence se changent en idéaux de normalisation. Il sera de moins en moins question de sotériologie et de plus en plus de panoptisme. L'œil n'est plus celui de Dieu, mais l'œilleton du geôlier, démultiplié à l'infini. Sous l'ancien régime, tous voyaient un ; à partir du 19e siècle, un voit tous. La conversion individuelle fait place à la docilité du groupe, dont celui qui s'en éloigne est un anormal, un malade, un fou, avant d'être un criminel. Et le criminel est avant tout un déviant par rapport aux normes en vigueur dans un lieu et un temps donné. Un blasphème est criminel dans certaines sociétés, ainsi que le vagabondage. La rééducation devient un re-cadrage : que chacun soit bien dans un cadre pré défini. Même l'adultère, jusqu'en 1975, reste dans le champ pénal[163] et l'homosexualité n'est décriminalisée en Inde que le 6 septembre 2018.

La réinsertion, via la discipline des corps, est un mythe assez généralement partagé. Comment imaginer que l'individu déjà passablement « désinséré » puisse reprendre une place dans une société après en avoir été coupé

[162] Cité par Foucault id p 210

[163] Loi n° 75-617 du 11 juillet 1975 portant réforme du divorce

totalement ? Même à supposer qu'un individu ait le désir de se réinsérer, la punition, et l'incarcération en particulier, casse tout ce qui peut aller dans le sens d'un retour paisible dans la société. Le détenu perd petit à petit tous les liens qui le rattachaient au monde dit « normal ». C'est un peu comme si, voulant qu'une personne apprenne la musique, on la plaçait dans un lieu où il n'y aurait ni instruments ni musiciens, et sans possibilité d'écouter la moindre œuvre. De plus, dans le milieu carcéral, toute initiative est à peu près impossible, et fait du détenu un enfant. Devant passer par un surveillant pour obtenir la moindre chose, la personne incarcérée finit par ne plus rien demander et s'enfoncer dans une apathie totalement opposée aux qualités qu'on lui demanderait à l'extérieur : sens des initiatives, courage, persévérance, anticipation… Pour l'anecdote, j'ai vu, dans la salle d'attente des consultations au sein de l'UCSA, un détenu demander… la permission de se rendre aux toilettes !

Les taux de récidive[164] sont difficiles à définir et dépendent de la nature de l'infraction, de l'âge, des critères temporels choisis, et du type de récidive. De ce fait, les récidives de crimes sexuels ou de meurtres sont faibles (moins de 7 %) tandis que les outrages et rébellions dépassent les 50 %[165]. Les personnels travaillant dans le milieu carcéral savent bien que, lorsque l'on dit à un détenu, à sa sortie, « Adieu », on pense très fort « à bientôt ». Et de se demander si l'individu tiendra une semaine ou quelques mois en dehors. Sur nos dossiers médicaux, il est souvent inscrit « x-ième incarcération »…

---

[164] « L'emprisonnement ne cesse d'augmenter, parce qu'au fond, cela reste la solution qui contente symboliquement le plus de monde, qui évite de s'interroger sur le sens que cela recouvre…On fait de la prison l'antichambre de la récidive, un lieu où la violence que l'on devait endiguer et apaiser fermente et se multiplie » Emmanuel Macron, 6 mars 2018

[165] Chiffres : ministère de la justice

La réinsertion suppose aussi, postulat optimiste, que l'individu accepte les règles d'une société qu'il rejette. Après tout, le djihadiste est très bien inséré dans les régions d'extrémisme islamique. J'ai vu un détenu ne regretter en aucun cas le meurtre qu'il avait commis, dans le cadre d'un règlement de compte dans le milieu mafieux. C'était, disait-il, une question d'honneur, à régler « entre hommes ». Je me suis ainsi souvenu que, près de chez moi, à Ussel en Corrèze, le bon docteur Goudounèche, humilié dans la presse par un avocat avant une élection, provoqua en duel ce dernier. C'était en 1894. Depuis, une rue porte son nom et personne ne se fut avisé d'accuser l'honorable praticien pour tentative d'homicide avec préméditation. Valade raconte qu'en 1896, les trois agresseurs sexuels d'une servante furent tout simplement acquittés. Il est vrai qu'il n'était pas trop question, en ce temps, de réinsertion, de droits des femmes, d'atteinte à l'État…

Un des mythes rencontrés au café de la poste. Il faut mettre les individus dangereux dans des lieux clos, pour que la société soit délivrée des perturbateurs. Et, en toute logique, on demande aux pouvoirs publics, après repérage par les fonctionnaires de police et de gendarmerie, de se saisir des indésirables et de les parquer. Selon les époques, on estime que ces individus sont 30 000… ou 80 000. Il suffirait juste de quelques milliers de cellules en plus et, enfin, tout un chacun pourrait circuler sans risque. Ainsi, le politique est sollicité, régulièrement, pour construire de nouveaux établissements pénitentiaires.

Ce mythe méconnait bien des réalités. Sortent chaque année des centres de détention à peu près autant de détenus qu'il en rentre. Ceux qui sortent, sont à priori plus dangereux qu'ils l'étaient à l'entrée, puisque plus démunis, plus haineux, plus fragiles. Par ailleurs, le nombre discuté de places en geôle sous-entend qu'il y aurait un nombre défini de criminels, quasi génétiquement conçus, comme le pensait

Lombroso et qu'il suffirait de bien les identifier pour qu'il n'y ait plus de risque d'en croiser un sur son chemin. Mais la limite entre le criminel n'est pas entre moi et l'autre, mais au sein de moi-même. N'importe qui peut, si tout un ensemble de facteurs de risques et de conditions environnementales est réuni, commettre des actes regrettables.

N'importe qui peut, à la suite d'un contrôle routier banal, et pour peu qu'il soit un peu fatigué, anxieux ou migraineux, ne pas se contrôler et injurier le fonctionnaire de police, ou chercher à s'enfuir. La réaction pénale est immédiate : garde à vue. Et le citoyen sans histoire se retrouve dans l'engrenage judiciaire, comme environ 600 000 personnes par an, avec les conséquences importantes, voire dramatiques qui en découlent.[166]

La réinsertion suppose enfin que l'individu qui sort d'une punition, et pas seulement d'un établissement carcéral, ait effectué les démarches sociales, affectives, psychologiques, financières aussi indispensables. Autant dire que, dans bien des cas, la tâche est largement au-dessus des forces du puni qui, de plus, a de lui-même l'image qu'on lui montre : un délinquant, un rebut de la société, voire un monstre. Le milieu punitif confond culpabilité et responsabilité. En culpabilisant un individu, il le déresponsabilise. C'est la raison pour laquelle le milieu carcéral est si infantilisant. « Ici, il n'y a pas d'homme », ai-je entendu d'un grand gaillard de 40 ans, incarcéré pour des trafics de stupéfiants, dans le cadre d'un réseau organisé à l'échelle de l'Europe. « Pas d'homme », cela voulait sans doute dire : « que des enfants qui doivent obéir, sans rien dire ». Responsabiliser - répondre, selon l'étymologie- suppose être redressé,

[166] On lira l'ouvrage de P Klugman, Le livre noir de la garde à vue , Nova Edition, 2010, où l'auteur montre que la procédure de garde à vue (GAV) est non seulement inhumaine, mais inutile et obsolète. En 2008, l'auteur relève 577811 GAV.

déculpabilisé, rendu à une dignité que des moments d'égarement ont volée.

La mentalité recherchée dans le paradigme punitif est celle de l'esclave, écrasé par le poids de sa faute, de son crime, de son acte. Ce que l'on appelle « bon comportement » en détention n'est autre que la capacité à jouer un personnage. On suppose qu'il y a une corrélation entre le comportement au sein de l'établissement (assiduité au travail, politesse, rendez-vous honorés chez le médecin, le psychologue, les travailleurs sociaux, absence de rapport défavorable...) et les capacités de réinsertion. En fait, le profil des détenus observés obéit à d'autres lois : certains sont prêts à jouer le jeu, pourvu qu'ils obtiennent quelques RPS[167], d'autres, plus fiers, refusent ce qu'ils appellent parfois un chantage et purgent, du coup une plus longue peine. De toute façon, le séjour derrière les barreaux ne change que rarement les représentations que les détenus ont de la justice et de la société. Ceux qui regrettent leurs actes les regrettaient avant, comme on le voit pour les délits et crimes correspondant à des défauts de contrôle de soi, tels les malades de l'alcool ou des drogues et l'incarcération ne change rien, si ce n'est aggraver la culpabilité déjà en partie responsable de leur erreur, et ceux qui choisissent de violer délibérément une loi ne regrettent qu'une seule chose, celle de s'être fait prendre. Pour ces personnes, la détention augmente leur ressentiment. On ne change pas, par la force, une représentation et imaginer qu'une coercition puisse en modifier quoi que ce soit relève au mieux de la naïveté, au pire de l'idéologie.

---

[167] Remise de peine supplémentaire. L'attribution de ces remises correspond à de subtils calculs établis par la direction de l'établissement et le juge d'application des peines. Ces remises sont très encadrées sur le plan légal.

Classiquement, la punition est destinée à dissuader le coupable de recommencer et le reste de la société, en voyant la misère du puni, d'être tenté de commettre les mêmes actes.

De fait, l'incarcération ne fait peur qu'à ceux qui n'ont à peu près aucune chance de l'être. Pour les autres, les jeunes pauvres, étrangers, qui ont vu leurs pères, frères, cousins, amis écroués, le séjour derrière les barreaux est vécu comme une initiation, un moment pénible parfois, voire un stage professionnel. « On rentre délinquant, on sort trafiquant » m'a dit un détenu de 20 ans. Sur le CV d'un délinquant, les mois d'incarcération sont un bonus… Pour les pauvres parmi les pauvres, après des années de squats, de « galère », d'errance dans la violence de la rue, la prison apparait comme un lieu de moindre inconfort et certains ne veulent plus en sortir. La fonction de dissuasion, pour ces populations très marginales qui sont le fond de commerce de l'administration pénitentiaire, n'a aucun sens. Il existe une frange de la population, très défavorisée, qui oscille entre prison, rue, hôpital psychiatrique, association humanitaire, pour laquelle les théories punitives sont totalement inadaptées. Quelques témoignages[168] permettent d'approcher le monde des exclus, et réaliser qu'aucune coercition ne peut aider les personnes profondément blessées.

Mais la « peur du gendarme » fait encore des émules. Dans les quartiers dits « sensibles », la délinquance devient le moyen de sortir de l'austérité, de la honte, de la dépression, qui fait suite à un échec scolaire à peu près constant. Il existe une « carrière délinquante » dont on ne sort que plus tard, vers 30-35 ans dans le meilleur des cas, et s'il y a eu possibilité de désistance[169]. Une grande partie de la population carcérale est issue de cette délinquance populaire : Gavroche du 19e siècle, apache du début du 20e,

---

[168] Tel celui de Brigitte « j'habite en bas de chez vous » Pocket 2007

[169] Mucchielli, dir. la délinquance des jeunes documentation française, 2014 p 69

blouson noir plus tard, toute une jeunesse en mal de vivre qui trouve dans le milieu carcéral un lieu où « les mœurs se détériorent dans une progression effroyable »[170].

Par ailleurs, la proportion de détenus qui causent la plus grande peur aux populations et qui défraient les chroniques - pervers narcissiques, sadiques, bourreaux, monstres, terroristes…- restent le plus souvent totalement réfractaire à toute espèce de dissuasion. Fort heureusement, le nombre de ces personnes effectivement dangereuses est très faible. Elles relèvent relativement souvent de la psychiatrie et nécessitent des mesures de protection qui restent exceptionnelles. Les Billy the Kid, éventreur du Yorkshire, Marcel Petiot et autre Barbe Bleue sont rarissimes

La justice rétributive a pour ambition d'équilibre les rapports de force, d'où le symbole de la balance gravé, peint ou sculpté dans les salles des tribunaux. Bon nombre de détenus acceptent volontiers ce postulat : « je paie », et il arrive même qu'ils ne comprennent pas qu'il puisse en être autrement. Sans doute faut-il voir dans cette rétribution un mimétisme : à une violence ne peut que correspondre une violence. Rétribuer semble, à première vue, cohérent. Rendre à chacun selon son dû. Mais qui peut définir quel est le « dû » de chacun ? La réalité est celle de la diversité et de l'injustice : nous aurons toujours des pauvres près de nous, il y aura toujours des pulsions terribles, l'argent fera toujours des envieux, l'homme convoitera la femme. Sans doute est-ce là le fond de la nature : le lion mange la gazelle sans état d'âme. Que signifie rétribuer ? Affirmer qu'il y ait un monde du bien et du mal que la loi serait à même de rappeler ? La rétribution, étrangement, sert et ne sert qu'à assurer la transcendance de la Loi. À travers ses versions profanes, on en reste à cette idée qu'on ne punit ou récompense que pour montrer qu'au-dessus des basses réalités de ce monde existe un ordre immuable des choses qui permet de classer le bien

[170] Id p 28

et le mal. Mais réalité n'est pas vérité. Jacques Ellul, dans son ouvrage « la raison d'être »[171] développe, à partir du livre du Quohelet, l'idée que notre époque confond, pour son malheur, la réalité qui passe, et la parole qui demeure. Les lois sont de l'ordre de la réalité, changeantes, insaisissables, tandis que le lien qui s'établit entre soi-même et l'autre -λογος- perdure. Dès lors la justice rétributive se condamne -réalisme dangereux- à rester dans la loi naturelle, celle de la jungle. Les pistes ouvertes par les théoriciens d'une justice non rétributive, telle la justice restauratrice, cherchent à donner au mot justice celui de « réajustement » et non châtiment. Il ne peut pas y avoir de peine juste, mais juste une peine, écrit Casadamant[172], en référence à Foucault : « et si, après tout, nous n'étions pas capables de savoir réellement ce que veut dire punir » ? Rétribuer revient, in fine, à réaffirmer que le prince seul a le droit de posséder les instruments de coercition, et que lui seul sait comment s'en servir. Cette rétribution permet de comprendre pourquoi, dans le paradigme pénal, sont pris en compte des infractions qui ne lèsent personne et qui, on le verra avec le scandale du CSA[173], et pour ne prendre qu'un exemple, ne sont même pas volontaires.

La punition vise à réaffirmer des valeurs. Si un prince, ou un individu veut quelque chose, alors il est prêt à tout pour cela. Fuir la peur est une volonté, et cette fuite prend le masque de la recherche de paix, de sérénité. Se mettre soi-même en prison, ou y enfermer autrui apparait comme le moyen de signifier que la tranquillité recherchée a un prix. Cette recherche, parfaitement naturelle, normale oserions -nous dire, reste dans une idée, voire une idéologie : qui peut ne pas vouloir la paix ? Qui souhaite l'insécurité dans la rue, le vol de ses biens, les agressions physiques ? Ceux qui

[171] Ellul Jacques La raison d'être Seuil 1987

[172] Casadamant G Poncela P Il n'y a pas de peine juste O Jacob 2004

[173] Contrôle sanction automatisé- radars routiers

défendent ces valeurs le font au nom même de ce qu'ils appellent l'autorité. Mais ainsi posée, cette recherche se trompe de moyen pour y parvenir. Parce que l'autorité n'est pas la coercition, et parce que l'humain ne se prête pas à une relation de pouvoir.

« Vouloir la paix et ne pas vouloir se battre, je trouve cela mal élevé », disait Péguy. Mais de quelle bataille s'agit-il ? En 1914, il s'agissait d'écraser l'Allemagne et les pays se sont livrés à des tueries terrifiantes. Est-ce possible de continuer, pour la « bonne cause » à s'entretuer ?

Dans « la crise de la culture » Arendt montre qu'avec Marx, la philosophie doit transformer le monde avant que de l'interpréter, mais pour ce faire quelle est la valeur ? Le travail ? Le supposé ou espéré sens de l'histoire ? Le plus de bonheur pour le plus grand nombre ? Les matérialismes dialectiques, à commencer par Hegel, veulent s'affranchir de la tradition qui est pour Arendt, en disciple de Jaspers, intimement liée à l'autorité. Cette autorité n'est en rien coercition, et n'est nullement soumise à l'argument. Le totalitarisme correspond à la perte de l'autorité et pas à un excès. Pour les Romains, les dieux augmentent (selon l'étymologie du mot autorité) les actions humaines, sans les commander. Dès lors, invoquer l'autorité pour imposer est une erreur. Dans un établissement carcéral, l'imposition parfois violente des codes signifie tyrannie et non-autorité. La parole d'autorité ne nécessite aucune explication, démonstration ou action violente. Comme les pleurs du nouveau-né imposent, d'une façon parfaitement non violente la réponse -responsabilité- de la mère (et on sait qu'Arendt est marquée par la philosophie des commencements, à la différence d'Heidegger, hanté par l'être-pour-la-mort, car l'autorité cherche à remonter au premier mot, pas vouloir, comme on dit, « avoir le dernier mot »).

L'être humain n'est pas accessible à une relation de pouvoir. L'œuvre de Lévinas est centrée sur l'intuition d'une éthique comme philosophie première. C'est l'épiphanie du visage d'autrui, dans sa vulnérabilité, qui commande le « tu ne tueras point ». Ce visage, -ce qui, en autrui, me regarde- est sans défense, vulnérabilité absolue, unique au monde. Il est, en osant un rapprochement sans doute artificiel entre Arendt et Lévinas- autorité. Punir est naturel, spontané, cohérent, rationnel. Ce n'est pas humain. Quelques soient les apparences, y compris violentes, qu'il se donne, autrui reste ce visage offert à mon « antique » responsabilité. Il m'ordonne d'en prendre soin, comme l'étranger qui réside chez moi, selon l'expression biblique que reprend souvent Lévinas.

Quiconque rentre dans une geôle est frappé de ce que les détenus, quand bien même se battent-ils souvent, montrent des visages de vulnérabilité. J'ai vu trop de « gros durs » pleurer dans l'intimité du cabinet médical pour ne pas avoir la certitude que, derrière le masque hideux de la haine, de la perversité, de la violence, cherche à poindre la source de ce qui appelle au désarmement de la haine.

Cette confusion autorité-coercition n'est pas sans conséquence, et le risque est grand, quand une opinion laisse entendre que l'insécurité augmente, de mettre en place des mesures punitives qui, par leurs violences intrinsèques, aggravent encore le processus. C'est ce que l'on appelle états policiers, prélude aux dictatures et aux totalitarismes. Cette confusion peut expliquer pourquoi des pays aussi différents que les États-Unis, la Chine ou l'Arabie saoudite envoient tant de leurs citoyens en prison (ou pratiquent la peine de mort). On peut se poser la question de la perte de l'autorité pour ces trois pays, remplacée par le culte de l'argent, malgré l'apparence qu'ils se donnent : Bible pour les États Unis, Coran pour l'Arabie Saoudite et certains pays du Golfe et confucianisme pour la Chine. Sans faire de rapprochement rapide, et par trop facile, le rôle de l'argent dans l'émergence des violences ne peut pas être éliminé d'un revers de main.

7- De la servitude volontaire

Quand Étienne de la Boétie, en 1549, écrit son célèbre opuscule, il montre que les ressorts de l'esclavage correspondent à des processus internes complexes, et non à une force externe hétéro imposée. Autrement dit, ce sont des pulsions (il n'emploie pas le mot à l'époque) violentes inhérentes à chacun qui les poussent à choisir un tyran dont ils auront à se plaindre le cas échéant. Ce n'est pas la violence d'un seul qui, par force, ruse ou manipulation, parviendra à placer un groupe, une ville ou un pays sous un joug.

Pour qu'un despote parvienne à la tête d'une société, il faut que ses ressortissants aient la conviction, d'une part, que le moteur de leurs actions est la violence et que d'autre part ils tireront du pouvoir de ce despote un bénéfice quelconque. Il faut donc « y croire ». Et chacun d'imaginer que, biens placés, ils échapperont aux effets collatéraux du pouvoir en place. Mais c'est pure illusion. Dans une société totalitaire, l'homme est de trop dit Arendt. Martin Gray a écrit[174] qu'Hitler voulait rayer l'homme de la surface de la Terre, et qu'il a cru utile, en gestionnaire, de commencer par les juifs, les Tziganes et les malades mentaux : « À Treblinka, c'est l'homme qu'on supprimait. Mais, pour mieux dissimuler cette gigantesque entreprise, les bourreaux avaient essayé de cacher l'homme sous ce nom de juif »

Une société qui admet le principe de la punition -et quelle est celle qui ne le fait pas ? - croit que c'est le seul moyen

---

[174] Gray Martin, Au nom de tous les miens, Robert Laffont 1971, p 176

d'organiser les conflits. Mais sur quels fondements se placent-elles ? Pourquoi la justice pénale n'accepterait pas la même critique que les autres disciplines sociales ? « D'où vient cette immunité dont bénéficient le système du jugement et la forme du procès ? » interroge La Gasnerie[175].

Le fait de punir semble inscrit dans les représentations et poser la question de son fondement ébranle des convictions profondément inscrites dans les sociétés. Car le paradigme punitif n'est pas le seul fait du système pénal. Il se manifeste -nous l'avons esquissé- dans l'éducation, mais aussi dans d'autres domaines. Si emprisonner est directement le fait de la peur, alors le mécanisme peut s'exercer sur un individu seul -tableaux névrotiques- sur un groupe restreint telle une famille, ou sur des sociétés entières. Les modalités d'enfermement de ce qui fait peur est bien sûr extrêmement variable : pourquoi 5, 10 plutôt que 15 ans de réclusion pour un viol ? Pourquoi le vol à l'étalage est puni, pas la fraude fiscale, ou très peu ? L'abus d'alcool est sévèrement puni au volant, pas au domicile, bien que les conséquences de l'alcoolisme dans les familles soient plus graves que sur la route. On le comprendra sans peine : la punition peut s'insérer partout et le pénal n'envahit qu'une partie des réalités sociales. La justice pénale est le prolongement légal de la punition accepté à plus petite échelle. Si le père tape son enfant, il accepte que la loi, figure paternelle, punisse. Si l'époux a peur de sa conjointe, il l'enfermera d'une manière ou d'une autre, et ne verra aucun inconvénient à ce qu'un code pénal fasse de même. Car le premier enfermement n'est pas les verrous, mais le refus d'une parole, qui est déjà l'édification d'un mur, d'abord symbolique, puis réel. On se met en prison lorsque l'on admet comme idéale la nécessité de rester à sa place, de se taire, de « faire sa place au soleil », prélude à toute usurpation disait Pascal. Le fonctionnement

---

[175] Gasnerie Geoffroy de la, Juger- l'état pénal face à la sociologie, Fayard 2016 p 23

carcéral, c'est refuser que l'autre soit libre, c'est-à-dire inviolable, insaisissable, au-delà de toute théorie, inaliénable, tout autre en définitive. Juger, c'est croire que l'autre peut, selon la loi, être réifié. Mais le propre de la loi est d'être au service des hommes, pas l'inverse ; sitôt que la loi est déifiée, elle quitte son rôle et les asservit.

On peut fort bien, et sans même enfreindre une loi, emprisonner son enfant, son conjoint, son collègue de travail. Il suffit de le culpabiliser[176]. Et il sera coupable dès lors qu'il sort du cadre fixé par la loi. Ne dit-on pas régulièrement, et même dans un contexte de soin ou d'éducation : « il faut le recadrer ? » Mais par essence, l'homme sort des cadres dans lesquels autrui, ou lui-même, veut se placer. La liberté - placer hors de soi un ordre de raison- pour utiliser une expression levinassienne n'est pas un attribut dont on disposerait ou que l'on perdrait à sa guise, c'est une dimension ontologique de l'être. Imaginer que l'on peut priver de liberté une personne est une illusion et un mensonge. On peut contraindre les corps dans une discipline éventuellement pénible, voire insupportable, on n'aliène pas la liberté. L'extension du carcéral, à partir du 19e siècle a cru pouvoir, en dressant les corps, jouer sur la liberté, mais l'échec est patent. La destruction des statues du Bouddha de Bâmiyân en 2001 par les talibans, et les ruines de toutes les villes sous les bombes sont la preuve que, lorsque l'on veut faire taire la parole d'autrui, les pierres elles-mêmes crient. Telle l'hirondelle, l'homme s'échappe toujours des filets de l'oiseleur.

176 « La tension née entre le Surmoi sévère et le Moi qu'il s'est soumis, nous l'appelons « sentiment conscient de culpabilité » et elle se manifeste sous forme de « besoin de punition » » dit Freud, cité par Basset Lytta, Culpabilité, paralysie du cœur, Labor et fides 2003

8- De l'évasion

Lévinas reste très discret et pudique sur l'époque où il a été incarcéré, durant la Seconde Guerre mondiale, et sur l'extermination d'une partie de sa famille par les nazis. Mais cette douloureuse expérience aura été le creuset dans lequel il forgea les grands thèmes de sa philosophie. « De l'existence à l'existant », ou la primauté de l'éthique. Fixer le puni dans sa culpabilité, objectif de tout tribunal, c'est le fixer dans son être. Or « l'être est cadavre »[177]. Punir est réifier, aller à l'encontre de la création, vouloir fixer ce qui est destiné à avancer. Sortir de soi, désir le plus profond, suppose une dérive. Or tout, dans le carcéral, va à l'opposé de cette dé-rive, cet exil, ou cette démarche. Être rivé est souffrance et c'est le point de départ, nausée initiale, trop plein de soi-même. Mais la punition transforme cette souffrance en douleur, en ne lui permettant pas de s'évader (le « mal de cœur » si bien nommé). « Dans la nausée, qui est une impossibilité d'être ce que l'on est, on est en même temps rivé à soi-même, enserré dans un cercle étroit qui étouffe »[178]. Il y a un paradoxe dans l'acte d'enfermer : affirmer le souhait de rédemption (sortie de son être de coupable) et maintenir l'impossibilité de sortie de soi dans la culpabilité. Les détenus disent souvent : « ils vont me rendre fou ». Cette impossibilité à « se soulager » se manifeste, dans les cellules, par les innombrables symptômes somatiques -constipation, douleurs abdominales, troubles sphinctériens- contres lesquels les médecins sont impuissants : « le malade isolé qui « s'est trouvé mal » et à

---

[177] Lévinas E Carnets de captivité, Grasset 2009, carnet 2
[178] Lévinas, E De l'évasion Livre de poche 1982 P 116

qui il ne reste qu'à vomir est encore « scandalisé par lui-même »[179]. Tout le paradigme punitif vise à ce que le puni ait honte de lui-même. Présence révoltante de nous-mêmes à nous même. Cette révolte, dans un milieu carcéral, peut prendre des formes très violentes, auxquelles les surveillants réagissent par plus de violence encore, mais ce n'est pas une fuite, c'est un ancrage dans la culpabilité, car on voit les geôliers eux-mêmes, parfois, avoir la nausée devant tant de misère. Cette évasion -sacrée- au cœur de chaque détenu, prend des formes variables. On verra que le principal moyen symbolique de l'exprimer est le recours aux drogues. Les autres moyens sont soit plus ou moins proscrits, soit juste tolérés (randonnée, musique, activités artistiques, relaxation, théâtre…). En pratique le détenu a, le plus souvent, le choix entre l'ennui et l'oisiveté.

Il y a quelque temps, discutant avec une personne férue de philosophie, je lui propose de lui faire parvenir l'ouvrage de Lévinas « de l'évasion »… Las ! l'administration pénitentiaire a dû juger que le livre, subversif, ne devait pas être lu dans l'enceinte carcérale et j'en ai été pour mes frais. Un autre jour, un détenu, guitariste dans le civil, avait demandé l'autorisation d'avoir une guitare classique dans sa cellule. La direction de l'établissement lui a répondu que ce n'était pas possible, prétextant le risque « d'auto ou hétéro agressivité » (sic) lié à cet instrument. J'avais appris que cette personne avait fait une tentative de suicide…

Il est bien naturel, dans le milieu carcéral, d'interdire autant que possible tout ce qui a trait à l'évasion, mais comme cela est impossible, les détenus s'échappent dans des mondes virtuels : produits toxiques légaux ou non, télévision. À haute dose, la télévision se révèle une « drogue dure ». Quelques études semblent aller dans le sens d'un rôle néfaste

---

[179] Id p 117

de la télévision dans l'apparition de troubles d'ordre démentiels[180].

Les drogues

Nul doute que le trafic de substances illégales est une source féconde pour remplir les établissements carcéraux, et fait vivre un grand nombre de fonctionnaires de police ou de justice. Nils Christie note que 50 à 60 % des détenus aux États-Unis le sont pour des raisons de consommation ou trafic de stupéfiants, soulignant ainsi les liens hautement stigmatisants entre jeunes et toxicomanie. Les choses sont probablement comparables en France. Il faudra, avec Henry, Morel, Sissa et quelques autres faire le point sur cette hypocrisie qui coute des milliards d'euros à notre société, mobilise des dizaines de milliers de fonctionnaires, enferme des centaines de milliers de personnes en prison, tout en rapportant une fortune à la mafia colombienne et au terrorisme afghan.

Sachant que les diverses drogues illégales sont, globalement, sans dangers majeurs pour la santé, du moins comparées aux drogues légales (tabac, alcool, médicaments), on posera en postulat que la « guerre à la drogue » ne repose absolument pas sur un quelconque souci de santé publique. Les morts directement liés aux drogues illégales se compte en dizaines, tandis que ceux liés au tabac et à l'alcool en dizaines de milliers. On ne se tue pas avec le cannabis et les overdoses à la cocaïne ou à l'héroïne sont très rares[181]. La mortalité des drogues illégales correspond à l'utilisation de produits frelatés, coupés, infectés. Personne n'a jamais vu quelqu'un se suicider à l'héroïne. Le suicidaire prendra d'un coup les traitements prescrits par le médecin. Cela fonctionne mieux -si l'on peut dire, en étant cynique- et c'est remboursé par la sécurité sociale.

---

180 180 Desmurget, M, TV lobotomie, Max Milo Ed, 2011 p 212- 213

181 En mettant à part le problème récent du fentanyl aux Etats Unis, encore marginal en France

Les raisons qui poussent un État, avec des législations d'ailleurs extrêmement variables d'un pays à l'autre, à punir pour raison de consommation ou de trafic de substances n'ont rien à voir avec celles qui feraient que ces mêmes États promouvraient des campagnes de vaccination ou de dépistage de cancers.

Quand un état annonce « faire le bien » de son peuple, on n'est pas loin du totalitarisme, de l'absurdité fasciste.

On ne fera pas ici le rappel historique, passionnant, du commerce, de la législation et de la consommation des diverses drogues. Sauf à encourager le lecteur à relire Tintin et le Lotus bleu. Hergé montre son héros dans une fumerie d'opium à Shangaï dans le combat qu'il mène contre les narco-trafiquants. Les consommateurs ne sont pas inquiétés par leur addiction, seuls les marchands malhonnêtes sont blâmés et pourchassés. Au vrai, le trafic d'opium au début du 20e siècle n'était pas prohibé, et a contribué aux ressources de l'Occident, et l'artiste, en imaginant « le poison-qui-rend-fou », plus tard dans les autres albums, ainsi que l'alcoolisme du capitaine Haddock, puis le « sérum de vérité » dans un des derniers titres[182] semble brouiller les pistes. Ce qui est blâmable, ce n'est pas la consommation, c'est la violence entachée aux réseaux mafieux. Hergé condamnera de la même manière le commerce des armes. Des drogues, il y en a toujours eu et il y en aura toujours. Ce qui change constamment, ce sont les législations, les produits, les modalités de commerce.

Au vrai « la recherche de drogues est comme la recherche du bonheur, consubstantielle à l'homme »[183]. Il est vain, et sans doute très hypocrite, d'imaginer que les situations problématiques liées aux drogues puissent être solutionnées par des moyens coercitifs. Les drogues ont une telle assise sociale, de telles représentations, une si longue histoire qu'il

[182] Vol 714 pour Sydney

[183] Maestracci, dans l'introduction au livre de Michel Henry

apparait dérisoire, et dangereux, d'imaginer qu'il suffise de quelques lignes de plus sur les codes pénaux pour que tout problème soit réglé.

Les drogues sont la réalité, souvent dure, des grands espoirs ou des grandes peurs : enfer ou paradis se confondent d'ailleurs dans cette quête : « Le secret de leur courage et de leur indifférence à la mort était dans le haschisch. C'est pour cette raison que les fedayin de Hassan Ibn al-Sabbah étaient appelés haschaschin, d'où vient note mot assassin »[184]

On essaiera d'effectuer une phénoménologie de la punition pour consommation ou trafic de drogue.

Derrière les diverses substances, dont la frontière entre licite et illicite est plus que ténue, certaines drogues aujourd'hui et ici licites ne le sont pas ailleurs et à d'autres époques, se logent les symboles d'évasion, de plaisir. Promenez-vous, heureux touristes, sur les hauteurs de l'Atlas marocain et vous pourrez vous faire offrir quelques échantillons des cultures locales de cannabis. Passez la frontière algérienne, à quelques kilomètres, et vous pouvez vous retrouver derrière les barreaux pour la même « dégustation ». On imagine très mal une jeune fille française l'été, court vêtue, dans certains pays du Golfe ou ailleurs, siroter une bonne bière avec ses amis à la terrasse d'un café.

Rencontrer dans un centre de détention ceux qui ont été condamnés pour des raisons de liens avec les substances illicites est très instructif. Il n'est que rarement question de santé, de morale, de droit. Les questions tournent autour de commerce pour les trafiquants, et du bonheur pour les consommateurs. La distinction entre trafiquants et consommateurs n'est pas tranchée.

« Il n'y a pas de drogués heureux », disait Olievenstein. Le toxicomane est toujours le signe, souvent tragique, de ce que l'homme est en attente de « qui nous fera voir le

[184] D'Ormesson Jean, la création du monde, Robert Laffont 2006 p 37

bonheur ? »[185]. La vieille question de l'eudémonisme[186] que les neuro sciences voudraient nous faire passer pour un simple équilibre de concentrations des divers neuro médiateurs resurgit dès qu'une personne, et quelques en soient les raisons, trouve dans une substance le moyen de sortir de lui, donc de s'évader. L'académie de médecine, en 2006, appelle drogue toute « substance naturelle ou de synthèse dont les effets psychotropes suscitent des sensations apparentées au plaisir ». On voit comme rejaillir la vieille histoire d'Eden, de plaisir, de désir… Le toxicomane nous livre une théorie du désir, où le corps devient puit, trou, béance, « boire comme un trou », tonneaux des Danaïdes. Mais, contrairement à l'évasion, l'être pour l'évasion oserions nous dire, le toxicomane ne trouve pas la sortie et, condamné, erre en lui-même jusqu'à la folie. Le toxicomane a conscience de sa liberté, plus que d'autres peut-être, mais se trompe de direction pour prendre son envol. L'Eglise, autrefois, le disait « possédé » et, comme les sorcières au Moyen Âge, l'exorcisait… ou le persécutait et le brûlait. On gagnerait beaucoup à utiliser le mot persécution à l'endroit des toxicomanes plutôt que répression. Après tout, « l'usage de stupéfiant est le seul acte ne portant atteinte qu'à son auteur qui, dans le droit français, est sanctionné comme un délit »[187].

Le toxicomane ne fait qu'aller jusqu'au bout de la logique bien démontrée par Erhenberg[188]. Impossible de ne pas être performant sans un dopage quelconque. Notre société est droguée au dernier stade, « addict » des produits stimulants les plus divers, obnubilée -et fatiguée- d'être sans cesse à la recherche d'être soi, épuisée de devoir se justifier à chaque instant. Alors pourquoi le Prozac, « aspirine du

---

[185] Psaume 4

[186] εὐδαιμονία bonheur, prospérité, abondance de biens

[187] Morel A op cité, en conclusion de son livre

[188] Erhengerg, Alain, le culte de la performance Hachette 1996

cerveau », serait admis, voire encouragé, et pas la cocaïne ? Parce que l'un est délivré par un pouvoir médical et pas l'autre ? Un détenu, grand trafiquant de cocaïne, m'a dit un jour avoir un champion olympique dans sa clientèle : « pas de problème, il était réglo, payait bien… ». Tel autre avait des hommes politiques et des magistrats dans sa liste d'acheteurs…

Le drogué est aujourd'hui le possédé d'hier, celui qui a commerce avec des esprits inhabituels, utilisent - telles les sorcières - des produits bizarres. Mais aujourd'hui la même question est posée : « Qui sommes-nous pour juger de ce que quelqu'un fait de son corps, de son cerveau ? » Le drogué cherche un peu de bonheur et, au plus, nous ne pouvons que nous attrister de ce qu'il ne prenne pas la bonne route, sachant qu'il n'y a personne pour ne pas consommer quelques produits dont ils attendent un certain bien-être. « Le vin qui réjouit le cœur de l'homme » tel le chante la Bible[189].

On punit les drogués comme les enfants qui se masturbaient au 19e siècle, comme ceux qui consomment de l'alcool dans certains pays, en oubliant que Freud - cocaïnomane lui-même un temps- disait que les stupéfiants étaient des effaceurs de soucis, que le tabac a été largement encouragé il y a encore peu d'années (les fameuses « gauloises troupe » qui ont rendu tant de bidasses tabagiques).

Un détenu, écroué pour trafic de stupéfiants, me raconte que le juge l'a condamné en ces termes : « vous vendez de la mort ! » Et il a pensé vraiment très fort : « Et les gouvernements qui vendent des armes de destruction massive aux pays en guerre, ils vendent quoi ? » Il y a des espaces inutilisés dans le centre de détention où je travaille : j'ai proposé aux personnels de l'administration pénitentiaire d'y planter du cannabis… ils auraient moins de soucis avec les détenus !

---

[189] Ps 104

Avant de déclarer, avec Henry[190], que la légalisation de toutes les drogues est inévitable, et que les risques théoriques de la vente libre, ou presque, de la cocaïne, de l'héroïne, du cannabis en grande surface semblent moindres que la « guerre à la drogue » qui a fait des milliers de morts [191], il convient d'avancer sur les raisons qui poussent un prince à condamner ceux qui se droguent et aussi, par voie de conséquence, les marchands de produits que l'on dira « euphorisants »[192].

Les raisons sociologiques sont connues. L'opium était la drogue des émigrés chinois[193], suspects au milieu du 19e ; le cannabis était fumé par les noirs américains et hispaniques ; la cocaïne est le produit des populations violentes d'Amérique du sud. Chaque produit est assez marqué socialement et les pays restent hostiles aux minorités, surtout si elles sont pauvres.

Mais il y a surement plus. La toxicomanie est indissociable du désir, et rien n'est plus potentiellement dangereux et violent que le désir. « L'âme désirante est un animal. C'est un cheval impétueux, trapu et râblé, au pelage sombre… d'une bestialité absolue… qui ne peut s'apprivoiser, qui doit être constamment nourrie »[194]. Nul n'a besoin d'être psychanalyste pour repérer la sexualité derrière cette puissance. L'antique débat plaisir, désir, souffrance est

---

[190] Henry M Drogues, Pourquoi la légalisation est inévitable. Denoël 2010

[191] Renaudat C et Taillefumier V Les tribulations d'un gramme de coke F Massot ed 2011

[192] L'augmentation récente de la consommation des morphiniques de synthèse, tel le fentanyl, aux Etats Unis, n'est pas sans poser de redoutables questions : pourquoi tant de jeunes d'adonnent-ils à des produits qui, en peu de temps, les détruit totalement ?

[193] On lira à ce sujet le travail de Christian-Nils Robert : drogues, un échec annoncé, Georg éditeur, 2016, en particulier le texte de 1991 (p 67)

[194] Sissa G Le plaisir et le mal O Jacob 1997 p 54

sans cesse remis sur la table. On a vu que le monde judéo-chrétien avait fait de l'Eden un lieu ambigu, à la fois désiré, craint, violent en définitive. Le plaisir est devenu péché, et le péché, de « bête tapie » qu'il était au commencement, est devenu culpabilité à punir.

On punit le toxicomane et son revendeur parce que l'on a peur. Peur de sa liberté qu'il nous jette au visage, sous l'aspect effectivement repoussant de l'esclavage de l'addiction, avec toutes ses conséquences physiques et psychiques. Peur du pouvoir qu'il se donne lui-même, ambigu et amphibologique, tragique. Quête de joie, comme ledit Patrice de la tour du Pin, et quête comme le SDF au coin de la rue. Tragique Augustin d'Hippone, il y a bien longtemps : la puissance sexuelle est « stigmate du pouvoir que l'homme a perdu en se dressant contre Dieu »[195].

Le drogué qui achève, entre quatre murs, d'abandonner toute raison et toute espérance, ne se pose pas toujours ces questions. Il dit « j'ai fait des conneries ! », sans qu'il sache que, précisément, l'origine de ce mot est « sexe de femme », signifiant que l'Autre est ce désir qui importe avant tout de recevoir, mais ne pas prendre de soi-même. Et que le sexe se situe précisément en avant de l'os si bien nommé sacrum. Liens si étroits entre violence, sacré, désir, jouissance que nul ne peut démêler. Aucun magistrat ne peut connaitre les méandres du désir et de la souffrance du jeune -les drogués sont souvent des enfants- cherchant une évasion dans une sensation, certes éphémère, mais si puissante. L'enfant n'a pas le recul et la parole pour traiter avec le désir, voire se battre avec lui, tels les ascètes et les mystiques.

Incapables de comprendre que le drogué cherche désespérément le « port de son désir »[196], à en être malheureux bien plus que pervers, violent ou sadique, le paradigme punitif, non sans hypocrisie, prétend le bien du

---

[195] Id p 129

[196] Psaume 107

toxicomane sans porter la main sur lui, mais en tentant de s'approprier le moyen -certes illusoire- qu'il se donne pour s'évader. La société peut avoir bonne conscience : on soigne, ou éduque, on compatit à la misère du drogué, mais on fait main basse sur lui en le privant -ou en délivrant sur ordonnance- des produits qu'il a trouvés pour assouvir sa soif. Le résultat est que l'on perd le drogué, et que les produits, devenus illicites et recherchés, alimentent un trafic dont la régularisation ne peut se faire que d'une manière malhonnête : règlements de compte, rackets, meurtres.

Sans vouloir jouer les lacaniens, il faudra bien être au clair et ne pas céder sur le désir. Démarche bien opposée à la passion contemporaine du punitif.

Comment avancer, sans rentrer dans les considérations financières ou géopolitiques d'une très grande complexité, car on n'oublie pas que le commerce de la drogue représente des sommes colossales, que le blanchiment d'argent dit « sale » est au cœur de bien des scandales[197], que la survie de bien des petits cultivateurs de Bolivie ou d'Afghanistan en dépend, que des banlieues vivent du « bizness », et que bon nombre de consommateurs ne peuvent sans risque se passer de leurs produits ?

Un détenu, il y a longtemps, m'a donné une clef. Je la rends à mon tour, sachant que d'autres portes restent à ouvrir, et qu'il est illusoire et vain d'imaginer que les questions vieilles comme le monde pourront se résoudre. Néanmoins, une simple piste ouverte est déjà un apaisement.

Monsieur X arrive pour la visite dite « des arrivants ». Bien habillé, visiblement instruit, très poli et manifestement pas violent, il me dit être trafiquant de cannabis. « Du bon, de chez nous au Maroc, pas coupé ; je vends un peu de bonheur aux gens ». Il ajoute qu'il accepte la règlementation française, qu'il fera ses mois d'incarcération, qu'il vit comme un stage professionnel, sans histoire et, après, pourra

[197] Voir celui de la banque HSBC, récent. Le Monde 8 2 2015

reprendre son commerce avec une expérience supplémentaire.

Durant la conversation, il me dit : « Vous, les Occidentaux, vous avez la culture du vin depuis la Cène, nous c'est le cannabis. Que serait devenu le monde chrétien si le Christ avait pris de l'herbe et dit : « fumez et consommez-en tous, ceci est mon esprit, en mémoire de moi » ? Je sais que ce genre de question m'eût valu, en d'autres temps, une mise à l'index, voire plus. Au-delà du théologiquement incorrect pour le monde catholique, le détenu pose une question d'une immense portée. Et si la parole avait à voir avec les drogues, n'importe quelle drogue, y compris le vin, drogue socialement admise en Occident, bien que très toxique, mais pas dans un grand nombre d'autres pays ? Autrement dit, le fait de « parler la drogue », de symboliser et le désir et la violence et la jouissance qui est attachée suffit pour en faire s'éloigner la face obscure. Dès qu'une drogue sort de l'ombre, devient parole au grand jour - accessoirement contrat commercial, qui est aussi parole- elle perd progressivement sa violence.

Je sais, les catholiques, le jeudi saint, n'ont pas à la pensée ce genre de considérations païennes. Pour autant, il est significatif qu'elles soient évoquées par un ressortissant de pays musulman : en matière de drogues, les frontières ne sont pas celles qu'on croit. Elles ne sont pas entre pays, surtout pas entre le « méchant » toxicomane et moi, mais au sein de mon désir lui-même. Platon disait : « tu crois que tu jouis, alors que tu désires, donc tu souffres »[198].

Les drogues, légales ou non, font osciller la personne entre dépression et folie. Mais la folie est tentative d'évasion. Seul l'être libre est désaliéné des normes hétéro-imposées et des calculs mathématiques de la raison. La parole seule est respectueuse et de l'altérité et de sa propre solitude. Lien

[198] Cité par Sissa op cité p 121

entre soi et autrui, asymétrique, opposé à toute totalisation, non violent. Le drogué, dans la souffrance, exprime le cri : « y a-t-il quelqu'un qui puisse me répondre ? » Lui rendre, en guise de réponse, une punition, c'est le condamner à errer dans sa propre blessure, jusqu'à la mort bien souvent.

C'est parce que le médecin cherche à soigner, et qu'il fait tout pour que les jeunes se sortent de ce qu'ils appellent un enfer, qu'il ne peut punir. Punir, pour le drogué, c'est refuser de l'entendre. Dans le milieu carcéral, les drogues circulent sans difficulté, et j'ai même entendu un détenu me dire qu'il était plus facile de se procurer de la cocaïne entre les murs qu'au-dehors. La prohibition clairement affichée et les sanctions qui en découlent - allongement des peines, mises au « quartier », rapports - favorisent les circuits clandestins, le remplacement d'une toxicomanie par une autre - rien ne prouve que la consommation importante des psychotropes soit moins nocive que le cannabis- et les pressions parfois violentes sur les passeurs de substances illicites via les parloirs.

9- Du quotidien en prison

« La prison pour moi est la machine à détruire l'être humain, la prison est la grande maison dans laquelle on entre parfois détruit et de laquelle on ressort mort, la prison est l'endroit où le peu d'humanité que l'on a le droit de retrouver est minuté, chronométré, disputé et épié. La prison est l'endroit qui a tué des amis… la prison est pour moi l'enfer sur terre »[199].

On pourrait effectuer une analogie entre le malade névrosé, mettons obsessionnel, et le fonctionnement carcéral. Le malade ne peut s'empêcher, sans y trouver de soulagement, de répéter un geste, une pensée, une action. Se laver les mains des centaines de fois par jour, au risque de se les irriter jusqu'au sang, nettoyer sans cesse sa maison, au risque de ne plus pouvoir faire autre chose, ou encore effectuer divers rituels pouvant paralyser toute une existence.

Dans une geôle il existe, pareillement, des obsessions : celle des métaux, celle des drogues illicites, celle des évasions. D'où une multitude de pratiques, très éprouvantes pour les détenus, et sans aucun intérêt autre que névrotique. Ainsi, j'ai vu (crainte obsessionnelle de l'évasion, au demeurant rarissime[200]) un détenu menotté, malgré une maladie grave faisant craindre le pronostic vital, pour l'extraction -c'est le terme ! - vers l'hôpital. J'ai fait, hier, un certificat contre indiquant les entraves aux pieds à une personne ayant été opérée des deux fémurs, et marchant

---

[199] Anonyme, revue Dedans-dehors N° 100 juin 2018 p 22

[200] Le taux d'évasion ses situe aux alentours de 0,1%, note Boucher, dans sa thèse « la nuit carcérale » 2010

difficilement avec des béquilles. On l'imagine mal, lors d'une consultation, s'enfuir et battre le record du monde du 100 mètres ! La recherche pluriquotidienne d'objets métalliques dans les cellules ou dissimulés sous les vêtements participe du même fonctionnement pathologique : on sait bien que n'importe quel détenu peut, à partir de matériaux autorisés, fabriquer des objets tranchants qui passent sans difficulté les détecteurs de métaux. L'arrivée des drones est l'expression de ce que les détenus se jouent des obsessions sécuritaires : on commence à voir circuler ces engins au-dessus des centres pénitentiaires.

Toute activité, tout déplacement, tout comportement peut être colligé. Le panoptique étant informatisé rien, dans le quotidien du détenu, n'est oublié. Un enregistrement vidéo peut être retrouvé, de même un accès de colère, une réflexion sur un surveillant, un courrier compromettant.

L'obsession panoptique va jusqu'à autoriser et favoriser la lecture du courrier des détenus, au mépris du respect de la vie privée. Cette surveillance est punition en soi. « C'est le fait d'être vu sans cesse, de pouvoir toujours être vu, qui maintient dans son assujettissement l'individu disciplinaire »[201]. En dehors de la volonté de punir, c'est-à-dire d'infliger une souffrance, une torture, rien ne justifie l'hypersurveillance. Ainsi, les fouilles à nu, malgré les restrictions ordonnées par la Loi[202] restent fréquentes. Il est rarissime que les surveillants trouvent autre chose que des objets parfaitement inoffensifs : quelques grammes de cannabis, ou d'une autre drogue, rarement un téléphone. La pratique a donc vocation d'humilier.

La « névrotisation » des relations, expression des peurs, s'exerce dans les demandes des détenus. Toute cantine, toute demande de rendez-vous médical ou social, tout appel

---

[201] Foucault, M surveiller et punir, Gallimard 1975 p 220

[202] n° 2009-1436 du 24 novembre 2009. En 2007 et en 2009, la France a été condamnée par la CEDH pour « atteinte à la dignité »

téléphonique aux familles doivent être justifiés, tracés. Tout, dans le milieu carcéral, passe par le surveillant. J'ai vu, l'autre jour, un détenu demander la permission pour demander un document au secrétariat de l'UCSA. Je me suis fait réprimander d'avoir laissé un détenu seul dans le cabinet médical pendant quelques secondes.

Dans un établissement pénitentiaire, tout est fait pour signifier la peur de l'autre. D'où les tensions et les violences quotidiennes. Loin de neutraliser la violence, le milieu carcéral la concentre. « Aujourd'hui, nous sommes installés dans l'acceptation d'une société de violence, au point de ne plus imaginer que d'autres solutions soient possibles »[203]. Loin d'être un lieu d'apaisement, malgré sa vocation « d'expiation », le monde carcéral ne limite les rancunes, les règlements de compte, les rixes, les haines que par un jeu subtil de récompenses (les remises de peine) et de sanctions (le quartier disciplinaire, la perte de jours de RPS, etc.), autrement dit un système de rapport de forces. La plupart des détenus arrivent à donner le change et jouent, si l'on peut dire, le jeu ; d'autres n'y parviennent pas et se rebellent sans cesse. Dans tous les cas, c'est le meilleur acteur qui s'en sort.

C'est cette névrotisation, qui est aussi un processus de défense qui, paradoxalement, permet à l'institution de ne pas exploser. La peur est, larvée, au sein des relations. Le surveillant apprend à se méfier, à suspecter chaque individu, et le détenu craint un accès de colère, une entorse quelconque qui le maintiendra davantage incarcéré.

Il existe d'autres peurs. Celle de ne pas retrouver d'emploi, ce qui est d'autant plus fréquent que bon nombre de détenus n'en avaient pas en entrant en établissement pénitentiaire. Ou encore celle de perdre les liens familiaux, surtout quand la durée des peines s'allonge.

Les peurs dont nous parlent les détenus, dans le secret de l'entretien médical, sont celles que nous écoutons ailleurs,

---

[203] Jacquard Albert Un monde sans prison, Seuil 1993 p 92

avec une différence de taille : le prisonnier ne peut s'en échapper que très difficilement. Il est rivé à ses peurs. D'où les cauchemars dont ils souffrent les nuits sans sommeil réparateur, que les psychotropes délivrés sans retenue ne parviennent pas à apaiser.

Ces peurs sont délibérément voulues dans l'acte punitif, exactement comme l'enfant battu peut avoir peur du retour de son père. La peur est également liée aux inquiétudes par rapport aux proches. Ma compagne va-t-elle tenir ? Ira-t-elle vers quelqu'un d'autre ? Et mes vieux parents ? Plus les années passent et plus les liens familiaux se défont et il est rare que les familles ne se séparent pas après quelques années de bagne. De même la probabilité de trouver un emploi, source d'angoisse légitime. Certains détenus appréhendent leur sortie et, dans les semaines qui précèdent, voient monter en eux les peurs. Pour les pauvres parmi les pauvres, la détention représente le dernier espace social investi et certains font tout pour se faire ré-incarcérer. Il y a quelque temps, l'un d'eux, bien connu, en arrivant à la maison d'arrêt me dit, en s'asseyant, avec un soupir qui en disait long : « je me sens bien ici ! » Effectivement, entre la rue et sa violence, l'alcoolisme, les squats sordides, la peur et le confort très relatif de la cellule, il existe une frange de population qui choisit. Certains, entre psychiatrie -le « HO »[204] reste redouté- et prison, choisissent la prison : question redoutable pour le milieu médical… Ces personnes, petit pourcentage de la population carcérale, mettent en évidence d'une manière certes tragique, une réalité : il est nécessaire qu'il existe dans une société des lieux susceptibles d'accueillir les pauvres. Les hôtelleries monastiques d'antan remplissaient, pour une part, ce rôle. Pour ces pauvres, la punition n'a plus aucun sens et il ne sert de rien de leur imposer le cadre sécuritaire qui prévaut actuellement dans les

---

[204] Hospitalisation d'office, remplacé depuis la loi de juillet 2011 par le soin sur décision d'un représentant de l'Etat

établissements, pas plus que la moindre coercition, car ils viennent d'eux même en prison. Ce faisant, ils démontent le principe même du milieu carcéral : un lieu où les conditions de vie sont pires qu'à l'extérieur. Dès lors, si le quotidien en dedans est préférable à ce qu'il est en dehors, l'établissement carcéral perd son essence et devient un lieu d'accueil. Quand les plus pauvres viendront tous d'eux-mêmes en prison, le mot n'aura plus de sens ni ce qu'il représente aussi, la punition.

Dans la mesure où ce sont les pauvres qui forment la majorité de la population carcérale en France, et parce que les conditions de vie qu'ils trouvent dans les murs ne sont pas si différentes que celles qu'ils ont en dehors, on est saisi, en circulant dans les coursives, qu'il n'y ait pas plus de rébellion, de conflit ou de violence. On voit des détenus souvent souriants, plaisantant, se livrant aux activités proposées et, si on leur pose la question, disent ne pas être aussi malheureux qu'on pourrait l'imaginer. De fait, ceux qui tiennent adoptent, à titre de résilience, une mentalité d'esclave : on a le gîte et le couvert, ce n'est pas si mal et, si on accepte de ne pas penser, d'être poli, de respecter les innombrables règles, souvent incohérentes, le séjour dans les geôles ne se passe pas si mal. Pour ces détenus, la prison est parvenue à son but : instiller, dans le psychisme même des gens un « cadenas intérieur », selon l'expression de l'un d'eux, hier. La punition est devenue un fait banal, quotidien, et l'individu un être résigné, comme un oiseau à qui l'on aurait coupé les ailes. Bien sûr, il existe une petite minorité qui tire un bénéfice de l'incarcération, qu'elle voit comme une retraite, une hospitalisation, ou un centre de cure, tel ce détenu, tout à l'heure, qui me dit que, pour sa toxicomanie, la prison lui aura été bénéfique. Mais on pourrait se demander si, pour le même résultat, des soins médicaux n'auraient pas été aussi profitables, sans que la culpabilité ait pu aggraver l'estime de soi, déjà mise à mal par les processus d'addictions.

Le milieu carcéral n'est pas définissable comme un simple lieu de peine. S'y jouent bien d'autres aspects de la vie sociale, puisque la geôle est une institution totale, selon l'expression goffmanienne. Les relations entre détenus tendent à reproduire celle qui existent en dehors, en grossissant les traits. En haut de l'échelle, le bandit de grand chemin, braqueur de banque, qui peut s'auréoler de gloire s'il s'évade. Tout en bas, le « pointeur », paria dans l'établissement, surtout s'il s'agit d'atteinte sur mineur. Certaines prisons sont spécialisées dans l'accueil de ces délinquants et criminels particuliers (Casabianda, Mauzac…).

Une particularité du carcéral est, surtout en maison d'arrêt, de traiter d'une manière semblable des personnes dont les problèmes sont extrêmement différents. Quoi de commun entre le petit dealer d'un quartier populaire, l'escroc de grand chemin, le malade alcoolique incapable de contrôler son agressivité, le grand-père esclave de ses pulsions, l'automobiliste récidiviste sans permis de conduire et l'authentique psychotique ? Or, exactement comme si tous les patients arrivant aux urgences d'un hôpital se voyaient adressés en chirurgie thoracique, même s'il s'agit de trouble obstétrical, de problème ophtalmologique ou de dépression. Au quotidien, si le personnel fait ce qu'il peut pour éviter les promiscuités vraiment ingérables, il n'est pas possible de traiter chacun selon le type de problème qui l'a mené à enfreindre une loi. D'où un immense sentiment d'injustice dont les personnes nous parlent dans la confidentialité des consultations.

Cette promiscuité, qui participe très largement du paradigme punitif, est insupportable pour les détenus qui, poussés à ne se considérer que comme des numéros, cherchent quelques échappatoires. Une organisation qui presse les uns contre les autres est une organisation totalitaire, c'est-à-dire une société où l'individu en tant que tel n'existe pas et fait totalement corps avec l'idée. Dans un établissement carcéral, tout est centré sur le corps, de telle sorte que le détenu finit, dans l'idéal punitif, à y être totalement enchaîné, démontrant ce que Lévinas appelle l'expérience du corps seul. « L'hitlérisme est un réveil des sentiments élémentaires » écrit-il en introduction, illustrant que le détenu doit être rivé à sa nature, de délinquant en l'occurrence, sans pouvoir en sortir. Ramener le puni à sa faute, le culpabiliser, c'est éliminer la responsabilité - l'homme répondant- et aller vers l'objectif de l'état totalitaire : éliminer la vie humaine dans sa spontanéité, son imprévisibilité et son originalité. « Les hommes sont entièrement superflus pour les régimes totalitaires » dit Arendt[205]. De fait j'ai cru comprendre qu'en fait d'homme, le milieu carcéral ne produit que des enfants, et que l'établissement pénitentiaire ressemble -force physique et connaissances à part- à une cour d'école. Il semble illusoire d'imaginer que sortent de ces bâtiments des gens adultes et, surtout, parlants. Ce détenu, constatant l'absence d'homme en établissement de peine n'exprimait rien d'autre que le désir, enfin, de sortir du monde chaotique de l'enfance dont il n'arrivait pas à oublier la misère. Car je n'ai jamais rencontré de détenu qui n'ait pas vécu, dans son enfance, quelques traumatismes physiques ou psychiques. Pour être heureux, il faut avoir été heureux. Rarissimes sont les détenus qui n'ont pas souffert dans leurs premières années. Une infirmière disait : « ici, ce n'est pas le monde des bisounours ». En réalité, elle avait raison, car le milieu carcéral concentre la violence. En vérité, elle avait tort, car, dans une prison, tout est fait pour que soit maintenu un climat où la culture est absente, autrement dit un lieu anté-éducatif. Mais cette éducation n'est pas, comme on l'a longtemps cru, un

[205] Les origines du totalitarisme, Eichmann à Jérusalem, Gallimard,

dressage contre la nature posée en à priori violente, mais l'aide à la croissance des qualités naturelles de l'enfant : abandon, confiance, sociabilité. Dans un établissement carcéral, il est clair que le détenu, comme l'enfant des siècles passés, est un pervers dont il faut casser, de force, la dynamique mauvaise. Dont acte. Les innombrables humiliations au quotidien n'ont d'autre but que de tordre et de redresser les personnalités supposées perverties. Le juge caresse l'espoir que la loi, exprimée sur le mode coercitif, pourra s'inscrire dans les psychismes. C'est une illusion, car la seule parole susceptible d'être mise en pratique chez le puni, c'est celle qui lui est naturelle, innée, essentielle, et qui exprime, dans la vulnérabilité du visage : « tu ne tueras point ». Il n'y a que dans une liberté inaliénable que cette loi est audible, placée hors de soi, et non, comme on le croit dans une ontologie -philosophie de la puissance- on l'on pose en postulat que les libertés sont les unes par rapport aux autres comme des forces qui s'affirment jusqu'à la guerre. Au vrai, la liberté n'est pas une qualité dont on pourrait user à sa guise, mais la dimension essentielle du moi, qui cherche sans cesse à fuir l'être, à s'en dé-river. Dès lors, s'il est dit « ne jugez pas pour n'être pas jugés »[206] ce n'est pas parce que l'acte serait mauvais, moralement pervers, c'est tout simplement parce que c'est impossible. Salas, avec courage, reste convaincu de la nécessité de juger, en reprenant Ricoeur : « vous êtes (les juges) dans cette position d'acteurs de la violence, et surtout d'héritiers de cette violence. Vous devez travailler à la proportionner, la modérer, l'individualiser »[207]. L'auteur de « la justice dévoyée »[208], même s'il y répugne, semble incapable de sortir du paradigme punitif. « Je n'aime pas que l'on abîme les hommes » écrit-il en préambule, citant St Exupéry, mais, en

[206] Mt 7 1
[207] Salas, D le courage de juger Bayard 2014 p 103
[208] Salas, D la justice dévoyée, Les arènes 2012

fin d'ouvrage, il semble admettre que « tout se passe comme s'il fallait que le mal infligé (la peine) réponde au mal subi ». Énigme du mal contre scandale de la violence. Pourquoi « faudrait-il ? » ? L'ambition des utopistes, et ce dès Thomas More, est d'oser s'attaquer à ce verbe.

Bien sûr, l'individu étant inviolable, la punition ne peut que se centrer sur les faits, malgré les discours souvent lénifiants de la justice pénale : « individualisation des peines », « priorité à la réinsertion », « valeur du sens de la peine », « humanisation des prisons ». En pratique, et compte tenu de ce que les magistrats, pour un grand nombre de délits, ne disposent, en termes de réflexion, que de quelques heures, voire de quelques minutes, le caractère quasi automatique de la sanction tend à ce que la justice finisse par se passer de juge, comme on le verra pour le CSA.

10- Petite philosophie du carcéral

Dans un établissement carcéral, une des premières réalités qui s'imposent est celle du mur. L'objectif est de pétrifier la personne, la vitrifier, la rendre totalement transparente, jusqu'à ce qu'elle disparaisse de soi, dans un état de « blancheur » qui va de pair avec les murs nus. « La blancheur est cette volonté de ralentir ou d'arrêter le flux de la pensée, de mettre enfin un terme à la nécessité sociale de toujours se composer un personnage selon les interlocuteurs en présence »[209]. Cette blancheur, « soleil de Satan » oserais-je presque dire avec Bernanos, est le symbole de la volonté de détruire la profondeur et l'inconnaissable de l'Autre en tant qu'Autre. Tout ce que fait le détenu est inscrit dans d'innombrables registres, maintenant informatisés, qui sont autant de murs enfermant toujours davantage la personne. Il est, dans ce cadre, bien normal de diminuer de plus en plus l'espace vital des gens, pour qu'ils ne fassent qu'un avec les murs. On se souvient qu'il n'y a pas si longtemps que les « cages à poules »[210] ont disparu et, sans aller jusqu'à ces tortures, force est de constater que l'espace vital des détenus est particulièrement restreint. Environ $22m^3$ et 9,2 m^2, avec une fenêtre de moins d'un m^2, parfois opaque, ne laissant que très peu passer la lumière, voilà les quatre murs dans lesquels une, ou plusieurs personnes, vont être enfermées parfois 22 h sur 24. Emmurés.

---

[209] Le breton, David, Disparaitre de soi, Ed Métailié, 2015 p 25

[210] Au 19ème siècle, à Fontevraud en particulier, étaient enfermés les détenus les plus violents, dans des espaces grillagés très étroits, où ils ne pouvaient qu'à peine se mouvoir. Les dernières cages à poule ont été fermées en 1974 Boucher 2010

Pourquoi ce désir de punir en pétrifiant ? Sans doute parce que dans un processus de peur, le rangement obsessionnel procure comme un soulagement. « Chaque chose à sa place ». Dans la réalité, les détenus qui pourraient constituer de réels dangers pour autrui sont rares. On parle beaucoup des terroristes plaçant des bombes n'importe où parce qu'ils sont rarissimes. L'énorme majorité des gens en prison ne sont pas dangereux. Le trafiquant de drogues ne se dit en général pas violent, pas plus que celui qui roule sans permis ou qui ne se rend pas aux convocations du juge et, quand il s'agit de violence sur personne, il s'agit le plus souvent de dysfonctionnements, parfois graves, au sein d'une famille ou d'un groupe restreint, mais sans risques pour ceux qui y sont extérieurs.

Il n'est pas rare de soigner des détenus qui, réellement, se « tapent la tête contre les murs ». Ils signifient cette impossibilité à sortir d'eux même. La souffrance, délibérément provoquée par la séquestration, vise à ce que la personne « ne se supporte plus ». « Ils vont me rendre fou », entends-je bien souvent dans le secret des consultations. De fait, la distribution massive des psychotropes rentre dans ce cadre : la pétrification tend à fixer ce qui est naturellement mobile. Faire corps avec le mur.

Le mur a aussi pour objectif de boucher l'horizon. L'homme, nomade depuis toujours et gardant quelque part enfoui en lui le souvenir de ses ancêtres aux déserts, a soif des grands espaces, tel l'oiseau échappé du filet de l'oiseleur.

> « Prendre chair de l'oiseau, pour savoir le bonheur
> Du cygne, du faucon, de la fauvette des roseaux ;
> Trouver toujours le monde entre son cri de peur
> Et son ravissement : mais il n'est plus d'oiseaux… »[211]

---

[211] Patrice e la tour du Pin la quête de joie, 1967 p 215

Le carcéral élimine l'oiseau sous d'innombrables filets. Filets réels, anti évasion, mais surtout filets invisibles « cadenas intérieur » tel me l'exprime un détenu. Bon nombre de personnes, après un séjour un peu long entre les murs, souffrent d'agoraphobie, d'anxiété dans un espace ouvert, ou encore n'arrivent pas à s'organiser dans un espace plus vaste. Certains demandent ainsi le quartier d'isolement[212], pour se protéger autant d'autrui que d'eux-mêmes.

La pétrification, et il importe peu que le modèle carcéral choisi soit philadelphien ou auburnien[213], vise à tuer la parole : le silence minéral. Dès qu'une condamnation est prononcée dans un tribunal, le prévenu, désormais coupable, n'a plus qu'un droit : se taire. Le mur est édifié entre lui et le reste de la société, à commencer par ses proches.

Cette pétrification, cet anéantissement dans les quatre murs s'oppose point par point à ce qui constitue l'essence de l'homme, la parole, pont entre le Même et l'Autre.

Des ponts, les détenus cherchent par tous les moyens à en construire, quand bien même est- ce difficile ou interdit. On voit dans tous les établissements pénitentiaire les « yo-yo », fils de fortunes entre deux cellules, destinés à se transmettre de menus objets. Dans les coursives, ce ne sont que cris d'un bâtiment à l'autre, et les prisonniers, sans le savoir, vivent le psaume : « j'appelle et tu me réponds… »[214]

Construire un pont est le désir le plus difficile à exprimer en détention, car tout saut dans l'inconnu est formellement proscrit. Or, par essence, le pont est une avancée au-dessus du vide, une confiance dans son travail et dans la nature pour

---

[212] Dans cette zone du bâtiment carcéral, le détenu ne rencontre pas les autres, et ne dispose que d'une cour de promenade fort réduite. (Une vingtaine de m² en général, sans verdure)

[213] Selon que les détenus soient isolés les uns les autres ou, au contraire, vivent dans des espaces communs.

[214] Ps 85

aller contre la réalité des choses, qui est de sombrer. La culpabilité, en renvoyant sans cesse à l'acte passé, interdit la dé-rive.

« Envole-moi, envole-moi, envole-moi. Loin de cette fatalité qui colle à ma peau » chantait Jean Jacques Goldmann

Dans les cellules, les musiques, souvent à plein régime, sont comme une tentative de créer une chaine, un pont entre les gens. Sans doute l'interdiction de jouer d'un instrument en cellule procède de cette nécessité du paradigme punitif de détruire à la base toute initiative de rencontre.

Conscient d'aller contre nature, quelques ponts sont néanmoins admis en prison : courrier filtré avec les proches, appels téléphoniques également filtrés, parloirs… Ces exceptions à la règle permettent, par un jeu subtil et presque pervers, de permettre à la personne détenue de garder un minimum d'espoir. Jouer sur la sensibilité des personnes, en laissant planer des doutes, des incertitudes, des faux espoirs, est très difficile à vivre. Les ersatz de liens souvent mis en vitrine par l'administration pénitentiaire soucieuse de son image, ne permettent pas de bâtir l'ossature des ponts qui serait indispensable à ce qui est convenu d'appeler la réinsertion, qui n'est autre que le cache-misère du paradigme punitif. Qu'est-ce que l'insertion, si ce n'est l'utilisation quotidienne et sereine des ponts qui ont été construits entre les gens, et la capacité à en imaginer de nouveaux « La rencontre nous crée » avait superbement bien dit Martin Buber.

Le panoptisme a vocation de dévisager, regarder par derrière, jeter un regard de biais. « L'œil était dans la tombe ». Victor Hugo avait écrit juste. Ce n'est que dans le tombeau que la vérité du regard biaisé se révèle : mortelle. Il y a peu de face à face envisageant. Cette perversion du regard est bien illustrée par la réflexion d'Arthur Koestler, quand il rappelle que le juge, en Angleterre, devait se voiler la tête quand il prononçait une sentence de mort. On ne peut regarder en face à face celui à qui l'on ne veut plus jamais parler. Le juge, en condamnant, se condamne aussi au silence et au noir. Il se met lui-même au tombeau.

L'œilleton est le symbole du regard perverti : il place le détenu dans une soumission de fait. Même l'intimité doit être vue. Raison pour laquelle les fouilles dites « à corps », c'est-à-dire nu, restent, malgré le texte de 2009 largement pratiquées.[215]. La mise à nu, en violant délibérément l'intimité de la personne, est le moyen le plus classique pour signifier l'humiliation. Le vêtement, qui « a couvert ma honte » est cette tunique de peau donnée par le dieu à Adam et Ève, pour signifier qu'il y a une part d'inviolabilité en chaque homme. Le vêtement est « contre le monde qui veut découvrir la faute, accuser le coupable… »[216] Le vêtement est symbole de vulnérabilité, comme une protection du périssable en tant que tel, sa propre vie. Dévisager autrui dans sa nudité contre son gré signifie le considérer comme transparent, inconsistant, objet. Ce n'est pas un hasard si les anciens anatomistes avaient appelé « honteux » certains nerfs du petit bassin, ils avaient bien conscience que le sacré -ce qui existe, dans le corps, en avant de l'os si bien nommé- est vulnérable et doit être protégé. Les régions intimes intiment. Dans le milieu carcéral, et au-delà dans toutes les institutions qui tendent à un fonctionnement totalitaire, il est de règle de faire fi de la pudeur. C'est le moyen le plus classique pour « animaliser » l'homme, avant de le réifier totalement.

L'œilleton vise à laisser éclater la honte, au lieu de la couvrir. On pense, bien sûr, au tableau de Rembrandt où le père lui-même devient vêtement pour le fils prodigue, pour le

[215] article 57 de la loi pénitentiaire du 24 novembre 2009
[216] Lécu Anne, Tu as couvert ma honte, Ed du Cerf 2016 p 10

couvrir face au regard culpabilisateur du frère. Dénuder quelqu'un, c'est le fixer à sa culpabilité.

« Et puis je sais ceci – la sagesse serait
Que tout homme le sache aussi- :
C'est que chaque prison que les hommes bâtissent
Est bâtie de briques de honte… »[217]

Cette absence d'intimité, concept central dans le carcéral, a non seulement vocation à humilier, mais aussi à étendre, et parfois au-delà du cercle pénal, l'idée que l'homme est « de verre ». Sofsky écrira : « le citoyen de verre… est totalement insensible à la perte de la liberté individuelle »[218]. Adhérer, et croire, au paradigme punitif, c'est admettre comme idéale la nécessité d'être vu. « Qui n'est pas vu n'existe pas »[219]. Ainsi, le surveillant qui entre ouvre l'œilleton ou qui contraint le détenu à se déshabiller n'est pas un pervers : il fait simplement partie de ceux qui sont persuadés de la nécessité de l'interdit, et donc de la surveillance permanente et de son corolaire coercitif. « Les interdits exigent une surveillance permanente »[220]. Entendu d'un surveillant hier : « ce sont des enfants, il faut les cadrer ». Mais, précisément, les hommes sont comme les oiseaux, infatigables voyageurs. Ce n'est sans doute pas un hasard si, historiquement et sociologiquement, les personnes migrantes, du voyage, vagabondes, celles qui expriment le mieux cette aspiration à la liberté, sont les plus facilement condamnées. Vouloir cadrer, recadrer, c'est maintenir l'illusion que l'on peut juger. Or, ce n'est pas un mal ou un bien de juger, c'est seulement impossible. Bien des magistrats, non sans courage, cherchent

---

[217] Roger Marie-Sabine, le quatrième soupirail, Thierry Magnier, 2005 p 11
[218] Sofsky Wolgang, le citoyen de verre, l'Herne 2011 p19
[219] Id p 20
[220] Id p 29

à juger de façon équitable. C'est une voie close. L'homme échappera toujours à toutes les prisons où il s'enferme, où il veut enfermer son semblable, parce qu'il est parole et que l'on n'enchaine pas une parole. Parole que bien des détenus inscrivent même sur leur peau -leur moi-peau, pour reprendre le terme d'Anzieu, comme pour signifier que « sauver sa peau », c'est signifier qu'elle est unique.

Pour redire autrement cette problématique du « recadrage » cher à bien des éducateurs, à bien des surveillants et même des soignants, que l'on me permette ici de relire, d'une manière allégorique, le conte fameux de la chèvre de M. Seguin, avec un regard que Daudet n'avait peut-être pas imaginé. Mais la parole des prophètes et des poètes pénètrent les terres que nous sommes et produisent des fruits qu'ils n'attendent pas eux-mêmes.

M. Seguin n'avait jamais eu de bonheur avec ses chèvres. Il les perdait toutes de la même façon : un beau matin, elles cassaient leur corde, s'en allaient dans la montagne, et là-haut le loup les mangeait. Ni les caresses de leur maître, ni la peur du loup, rien ne les retenait. C'était, parait-il, des chèvres indépendantes, voulant à tout prix le grand air et la liberté.

Tous les enfants, un jour quittent le cercle familial et rêvent de montagne, lieu immémorial de la rencontre, tels l'Horeb, ou le Fuji, ou les monts sacrés autour de Teotihuacan. Faire sortir du cadre est bien sûr le but de l'éducation, pour que l'enfant puisse un jour créer plus grand et beau que le maitre et, un jour, lui présenter son œuvre pour qu'ils s'en réjouissent ensemble.

... M. Seguin avait derrière sa maison un clos entouré d'aubépines. C'est là qu'il mit la nouvelle pensionnaire. Il l'attacha à un pieu, au plus bel endroit du pré, en ayant soin

de lui laisser beaucoup de corde, et de temps en temps, il venait voir si elle était bien. La chèvre se trouvait très heureuse et broutait l'herbe de si bon cœur que M. Seguin était ravi.

L'idéal carcéral, et parfois éducatif, est de présenter l'enclos comme agréable, comme un lieu finalement enviable. On pense à Jean de la Fontaine dans « le loup et le chien » :

… Chemin faisant il vit le col du Chien, pelé : qu'est-ce là ? lui dit-il. Rien. Quoi ? Rien ? Peu de chose. Mais encore ? Le collier dont je suis attachée de ce que vous voyez est peut-être la cause. Attaché ? dit le Loup…

Dès qu'il accède à la parole, l'enfant va vers son désir, vers la rencontre de l'Autre en tant qu'Autre, le tout Autre. À la fois désiré et craint, immense et lointain, intensément proche, véritablement adorable. L'enfant quitte son père et sa mère et cherche un attachement, un vrai corps à corps, un don total tel qu'il le rêve dans l'acte sexuel.

... Les chèvres, il leur faut du large.

À partir de ce moment, l'herbe du clos lui parut fade. L'ennui lui vint

Le large, c'est précisément ce qui manque à la majorité des détenus qui n'ont pu grandir qu'entre « béton et bitume », comme le chantait le Forestier, encadrés dès le jeune âge par l'écran de télévision, et dans un redoutable ennui. Ennui dont une étymologie est : *in odio esse* « être un objet de haine ». Le carcéral va vers la haine, celle de soi ou celle d'autrui, cela importe finalement peu, puisqu'il n'est possible de s'en sortir qu'en brisant les chaines.

Bonté divine !... dit M. Seguin ; mais qu'est-ce qu'on leur fait donc à mes chèvres ? Encore une que le loup va me manger... Eh bien, non... je te sauverai malgré toi, coquine ! et de peur que tu ne rompes ta corde, je vais t'enfermer dans l'étable et tu y resteras toujours.

L'ambition du punitif est de sauver l'Autre « malgré lui ». Mais est-ce possible ? Constatant l'échec de la coercition dans la découverte de la liberté, et craignant peut-être pour autrui, mais surtout pour soi, on enferme. Et dans le noir dit le texte de Daudet, comme au mitard.

Quand la chèvre blanche arriva dans la montagne, ce fut un ravissement général. Jamais les vieux sapins n'avaient rien vu d'aussi joli. On la reçut comme une petite reine. Les châtaigniers se baissaient jusqu'à terre pour la caresser du bout de leurs branches. Les genêts d'or s'ouvraient sur son passage, et sentaient bon tant qu'ils pouvaient. Toute la montagne lui fit fête.

Tu penses, Gringoire, si notre chèvre était heureuse ! Plus de corde, plus de pieu... rien qui l'empêchât de gambader, de brouter à sa guise... C'est là qu'il y en avait de l'herbe ! jusque par-dessus les cornes, mon cher !... Et quelle herbe ! Savoureuse, fine, dentelée, faite de mille plantes... C'était bien autre chose que le gazon du clos. Et les fleurs donc !... De grandes campanules bleues, des digitales de pourpre à longs calices, toute une forêt de fleurs sauvages débordant de sucs capiteux !... La chèvre blanche, à moitié saoule, se vautrait là-dedans les jambes en l'air et roulait le long des talus, pêle-mêle avec les feuilles tombées et les châtaignes...

L'herbe, les jeunes connaissent bien, et les premières soirées alcoolisées aussi. Difficile liberté. Les parties de « jambes en l'air » ne se terminent pas toujours bien il est vrai, mais sortir de l'enfance n'est pas sans un risque, celui même d'affronter le réel, avec les moyens des adolescents : vitalité, naïveté, insouciance, enthousiasme.

Vers le milieu du jour, en courant de droite et de gauche, elle tomba dans une troupe de chamois en train de croquer une lambrusque à belles dents. Notre petite coureuse en robe blanche fit sensation. On lui donna la meilleure place à la lambrusque, et tous ces messieurs furent très galants... Il parait même - ceci doit rester entre nous, Gringoire, - qu'un jeune chamois à pelage noir, eut la bonne fortune de plaire à Blanquette. Les deux amoureux s'égarèrent parmi le bois une heure ou deux, et si tu veux savoir ce qu'ils se dirent, va le demander aux sources bavardes qui courent invisible dans la mousse.

Les adolescentes connaissent bien ces messieurs « très galants ». Abreuvés des « sucs capiteux », le risque est grand de céder au passage à l'acte, comme on dit en psychiatrie. Comment pourrait-on le condamner ? On sait bien que tout ce qui est d'ordre sexuel reste soumis à des pulsions dont il faudrait être bien hypocrite pour s'en croire maitre. Mais, sans savoir les combats que certains mènent, sans connaitre les tentations extrêmes imposées à ceux qui vivent mal la « tyrannie du plaisir »[221], sans avoir sondé les contradictions dans lesquelles les gens se débattent à s'en épuiser, le juge condamne. « Nous reconnaissons que les ressources physiques d'un individu sont limitées, mais nous affirmons que son pouvoir de volition ne peut être sujet à aucune limitation quantitative. Nous savons qu'un homme ne peut ébranler une montagne, mais nous affirmons qu'il peut « faire » autrement dit fabriquer, un effort « moral » sans limites, comme s'il était pourvu d'une quantité illimitée d'adrénaline spirituelle. »[222] Hier, un vieux patient me fait remarquer, socialement et politiquement incorrect, que les

---

[221] Voir le livre éponyme de Guillebaud Seuil 1998

[222] Koestler A Camus A Réflexions sur la peine capitale Calmann-Levy 1957 p 105

jeunes filles sont parfois bien dénudées et que cela doit bien exciter les désirs des jeunes « chamois » : malheur à celui qui, oubliant Ulysse avec les sirènes, succombe.

Au vrai, la nature est ainsi faite que tout, dans l'espèce humaine, converge vers la nécessité de perpétuer la vie. Le taureau, dans les champs en face de chez moi le sait bien. Si un individu, ne parvenant pas à cultiver en lui, fait ce que fait le ruminant, il encourt des sanctions très lourdes. Il n'est désormais pas possible d'affirmer que l'homme est un animal, tout en proclamant haut et fort qu'il ne doit en aucun cas se comporter comme tel. La petite chèvre, en quittant les chamois, va plus loin, va vers elle-même, vers un don total qui, lui, est humain.

Alors le monstre s'avança, et les petites cornes entrèrent en danse.

Ah ! la brave chevrette, comme elle y allait de bon cœur ! Plus de dix fois, je ne mens pas, Gringoire, elle força le loup à reculer pour reprendre haleine. Pendant ces trêves d'une minute, la gourmande cueillait en hâte encore un brin de sa chère herbe ; puis elle retournait au combat, la bouche pleine...

Alors le loup se jeta sur la petite chèvre et la mangea.

Le conte s'achève sur une sorte de communion. Sur l'herbe, le sang, qu'on pourrait imaginer être celui de l'hymen, témoigne de ce que la relation sexuelle reste de l'ordre de la lutte, et il y a, entre le viol le plus sordide, et l'acte d'amour le plus pur, toutes les nuances de gris.

L'acte délictueux est à peu près toujours défini par les détenus -ceux du moins qui le regrettent- comme une « connerie », autrement dit quelque chose qui a quelque chose à voir avec le « con », c'est-à-dire le sexe. Voler, tuer, blesser, c'est toujours pénétrer en force dans ce qui n'est pas destiné à être donné à tous. Autrement dit intime. Chez la femme, l'organe qui signifie cette inviolabilité s'appelle clitoris (du grec κλειτορις, petite pierre, de même racine queκλειω, fermer). Il appartient à chacune d'elle d'user comme elle l'entend de cette petite clef…

C'est dans ce contexte finalement très sexuel, et les détenus en savent quelque chose, eux qui doivent partager avec des inconnus ce qui relève de l'intime, que les jugements se font. On commence par surveiller -voyeurisme inavoué-, puis par mettre à nu -viol- de quelque manière que ce soit, y compris la mise à nu psychologique, pas la moindre des agressions, puis on enferme les désormais coupables dans des box qui peuvent rappeler les cages dans lesquelles on place les animaux.

Dans cette animalité, le détenu se dit volontiers être « traité comme un chien », et exprime la contradiction : comment aider un individu à aller vers l'humain, en le contraignant sans cesse à retourner vers ce qui, en lui, relève de l'animalité, de la nature ? Le lion qui déchire la gazelle pour son repas, la vipère qui tue d'un coup de dent, le tsunami qui noie, en quelques instants, des populations entières, sont des phénomènes naturels, ni bien ni mal. Dans ce chaos et cette violence, l'homme peut créer, apporter plus de beauté encore, et faire que le lion ne soit plus un redoutable ennemi, que la morsure du serpent puisse être soignée, que la fureur des volcans soit prévenue. Il faudra faire de même avec ce qui, dans l'homme, relève du chaos, en fuyant toute violence, qui ramène inexorablement au tohu-bohu initial.

Mais le paradigme punitif, frère de l'hypersurveillance, ne peut supporter toute initiative singulière. Le monde carcéral reste, partout dans le monde, encore un lieu de normalisation forcenée. Normalisation des comportements, des horaires, des uniformes (il n'y a que relativement peu d'années qu'ils n'existent plus dans les prisons françaises). Le défilé reste le lieu symbolique de la réification. Chaque individu, réduit à un numéro voire, comme à la parade militaire, une abscisse et une ordonnée mathématique, devient une pièce d'un rouage dont il ne peut plus s'extraire. Cet idéal panoptique et objectivant est souvent admis par les sociétés comme moindre mal, ou violence nécessaire. Au café de la poste, le voisin de comptoir souhaite généralement une caméra de vidéo-surveillance, dans les transports en commun aussi et, bien sûr, sur la voie publique.

La Chine ne semble pas s'alarmer de l'extension des logiciels de reconnaissance faciale[223] dont on peut s'attendre à un semblable déploiement en France. L'œil de la vidéo surveillance n'est là que pour punir, dans une perspective d'un « totalitarisme doux et légal » [224]. On commence par des choses sans importance en apparence, et on abandonne toute liberté. « Les autres aussi baissent les bras pour être un peu tranquilles, non ! »[225] On se défend, même dans le milieu carcéral de ce panoptisme en prétextant que l'on n'a rien à se reprocher, mais c'est précisément parce que l'on n'a rien à se reprocher que l'on ne veut pas être épié. Croire que l'on n'a rien à cacher est déjà renoncer à sa liberté. L'hypersurveillance a pour but de façonner des mentalités d'esclave, sans cesse terrorisé à la perspective d'être vu dans sa singularité, par essence fautive. On rejoint ici le mythe du dieu surveillant souvent confondu avec le dieu de la Genèse.

L'hypersurveillance, par sa nature même, cherche la faute dans le moindre détail. Un gramme de cannabis dans l'élastique d'un slip gardé à la fouille, quelques grammes d'alcool distillé en cachette dans la cellule, mot de trop, capuche sur la tête dans les coursives, crème pour fesses de nourrisson refusée au portique d'embarquement d'un aéroport, petit kilomètre heure de trop relevé au radar routier… « La discipline est une anatomie politique du

---

[223] Trujillo Elsa, le Figaro 11 12 2017
[224] Sofsky op cité p 74
[225] Pavloff Martin, matin brun, Cheyne 1998 p 11

détail » écrit Michel Foucault qui, en 1975, n'imaginait pas à quel point l'accroissement exponentiel de l'informatique allait lui donner raison[226].

L'œil biaisé a une caractéristique, il œuvre dans le noir. Il n'est, par définition, pas vu de celui qui est épié, ou seulement après coup. C'est l'opposé du face à face auquel chaque personne aspire. Il n'y a de rencontre que dans le face à face. C'est au désert que les amoureux se rencontrent vraiment, car rien ne vient troubler leur dialogue, leur cœur à cœur. Et le cœur à cœur exclut toute peur. La vidéo surveillance est un symbole de peur.

L'illusion du panoptique est d'imaginer que l'œil -la loi- « est toujours plus simple que la nature. Lorsqu'elle s'y aventure, pour essayer d'y régner, dans les régions aveugles de l'être, elle risque plus encore d'être impuissante à réduire la complexité qu'elle veut ordonner »[227]. La région aveugle de l'être ne peut être révélée au plein jour, puisqu'il s'agit d'intimité. Le panoptisme reste dans le noir et ceux -juges, magistrats, doxosophes en tout genre- qui disent « nous voyons », restent aveugles. À l'époque où, en Angleterre, étaient prononcées des sentences de mort, le juge devait se voiler la face. Aveu d'impuissance.

Le symbole du monde sécuritaire -le carcéral- et du fait même que l'homme qui y survit tend vers l'objectivation - l'homme-machine - ne peut pas révéler la beauté du visage. Le visage, ouverture à la bonté, pour utiliser un vocabulaire lévinassien, est épiphanie. La bonté, pourrait-on dire, c'est révéler à l'Autre qu'il est beau.

Dans le monde carcéral, la beauté est presque toujours éliminée. On cherche en vain quelques signes, artistiques, poétiques, architecturaux, qui orientent vers le beau. Les très rares œuvres admises, voire créées par les détenus, servent

---

[226] Foucault Michel surveiller et punir, Gallimard 1975 p 163

[227] Koestler A Réflexions sur la peine capitale Calmann-Lévy 1957 p 139

davantage à soigner l'image de l'établissement pour l'extérieur qu'à signifier que les personnes incarcérées puissent être des créateurs. Tout, dans un établissement pénitentiaire, est fonctionnel, utile. Donc laid.

Il existe, certes, diverses initiatives, mais elles sont souvent acceptées comme avec regret, comme peu conciliables avec les impératifs punitifs. En effet, « l'art sort de prison, il devient un pont vers l'extérieur… il a permis quelques moments d'évasion »[228]. Toute évasion, réelle ou psychique n'est évidemment pas souhaitée en prison. Cette laideur est accentuée par le fait que les détenus ne se sentent pas chez eux. D'où les dégradations, le jet par les fenêtres des détritus, la saleté.

Le monde carcéral est laid. Dans un même ordre d'idée, on peut dire que les autres sens -odorat, audition, toucher-tendent aussi à la laideur. « La prison, c'est d'abord une odeur »[229]. Mais ce ne sont pas des odeurs bien agréables : restes avariés de nourriture, excréments, saletés diverses mélangées au tabac, aux produits d'entretien, aux affaires confinées. Au 19e siècle, on parlait de miasmes. L'essence du beau est sa gratuité. Or, entre quatre murs, rien n'est gratuit. Tout se chiffre, se paie, de manière autorisée ou non. On se bagarre violemment pour un paquet de cigarettes, un gramme de shit, ou un milligramme de subutex[230]. Le grand mensonge et l'illusion du carcéral est de vouloir substituer au temps - pure gratuité et donc beauté- la durée. Les artistes ne comptent pas. Une œuvre, quand bien même serait-elle cotée des fortunes dans les ventes aux enchères, reste quelque part

---

228 Audrain Justine, le passe muraille, publication du GENEPI, septembre/octobre 2010

229 Boucher, M la port carcérale, thèse de doctorat Paris VII 2010 chap 2

230 Les substituts morphiniques délivrés sur ordonnance sont l'objet d'un trafic dans lequel les médecins ont parfois du mal à ne pas se sentir dealer, malgré toute leur vigilance… le « cours » du milligramme de « sub » est variable.

gratuité. Le monde des hommes n'a, d'une certaine manière, aucunement besoin des cathédrales, des symphonies, des tableaux, des poèmes. Exactement comme les fleurs des champs. Pourtant, l'homme n'est vraiment homme que dans ce qu'il est de créateur, Ποιεω est un verbe très riche de sens : faire, créer, faire naitre, composer un poème, produire, se figurer… Tous ces termes ont en commun l'idée de faire surgir du nouveau. Dès lors que le détenu doit être rivé à sa faute, il lui est impossible de faire toute chose nouvelle. Pour cela, il faudrait que le punitif accueille l'autre comme vivant or, dans le carcéral, la vie s'arrête. Vie sociale suspendue, vie psychique la plus limitée possible, vie civique à peu près impossible, vie sexuelle quasi inexistante.

René Girard a bien montré que c'est l'indifférenciation, qui est la grande angoisse de l'humanité. Le retour du Même sans possibilité de l'altérité. Le mimétisme est l'essence de la violence et l'Autre devient Même dans la similitude du désir. « L'imitation est en même temps un conflit »[231]. Tout détenu ne peut qu'imiter l'autre dans son désir de violence, de vengeance, d'évasion, de rumination. Dans l'univers carcéral, tout va dans le sens de l'indifférenciation, qui est précisément ce que redoutent ceux qui y rentrent. Un numéro parmi d'autres, et jusqu'à l'impossibilité de penser. Arendt explique que l'État total cherche à écraser les hommes les uns contre les autres[232] et c'est pour cela que la promiscuité reste une des épreuves les plus redoutées, et sources d'innombrables conflits.

Cette tension -illusoire- vers l'indifférenciation, suppose une sorte d'asexualisme. Tout expression d'ordre sexuel est à priori proscrite et, bien sûr, toute relation intime entre détenus et gardiens, comme pour signifier la barrière entre le puni -exclu- et le reste de la société. Le détenu se trouve vite

---

[231] Dormoy N, l'univers de René Girard, D Cohen 2018 p 31

[232] Arendt Hannah, les origines du totalitarisme Eichmann à Jérusalem Gallimard 2002

dépouillé de son identité, de son rôle social -il est exceptionnel qu'un détenu trouve en prison un travail qui corresponde à ses compétences et à son expérience-, de son sexe et de ses relations sociales. Le tutoiement des détenus par les geôliers est, sinon de rigueur, du moins très fréquent, mais la réciproque interdite. Dans les murs de l'institution carcérale, le détenu, même s'il peut rester seul en cellule de longues heures, n'est pas dans la situation de l'ermite au fond de sa forêt. Il fait partie de ce corps qu'est le centre pénitentiaire, et ne peut s'en détacher. Il est désolé et isolé. En dehors de son sol, de sa famille, de sa terre, mais dans l'ennui. Je vois, parfois, des personnes incarcérées m'exprimer des sensations d'oppression, de douleurs thoraciques, qui n'ont rien de cardiaque, mais qui traduisent le poids de l'humanité souffrante autour d'elles. La seule issue est l'évasion, à n'importe quel prix. D'où l'ultime moyen d'expression de soi qu'est le suicide, en sachant que le suicide suppose déjà autrui, car l'animal ne se suicide pas.

L'indifférenciation s'oppose point par point à la tension vers l'altérité à laquelle le prisonnier, et pas seulement celui qui vit dans l'enceinte carcérale. « Je ne me supporte pas », dit-il. Sortir de soi et, le cas échéant de chez soi suppose aller vers autrui. Comment pourrait-il en être autrement puisque le désolé est condamné à errer de solitude en solitude, sans personne sur qui faire demeure ? Car l'Autre est demeure, hôte, ouverture. Le risque est grand, dès lors, que la personne incarcérée finisse par chercher en lui-même où se poser, dans une démarche parfois psychotique.

Ce désir de rencontre est sens. Sens comme sensibilité et orientation. On a parlé des yeux, des oreilles, du nez, mais le toucher, dans un centre pénitentiaire, prend une place très particulière.

Lors des consultations, les personnes sont, bien plus qu'ailleurs, sensibles au toucher. Elles me demandent des examens cliniques que nul écran ou algorithme ne pourront remplacer. Prendre un pouls, palper un ventre, découvrir une peau ou effectuer des gestes parfois plus intimes que mon métier m'autorisent à pratiquer. Il s'agit souvent, plus que de chercher à faire un diagnostic, de caresser des corps trop souvent malmenés. Les cicatrices, fréquentes, en disent long sur les rapports violents que les gens ont avec leur peau. Au chapitre 4 de « Totalité et infini », Lévinas[233] expose la philosophie du sensible : « dans la caresse, le corps quitte le statut de l'étant » et revêt sa dimension d'inviolabilité. Il relie la caresse -l'érotisme n'est pas la possession- et la fécondité : « un être capable d'un autre destin que le sien est un être fécond ». Nul besoin de démonstration pour réaliser que ces aspirations sont totalement impossibles entre quatre murs. Ni tendresse, ni fécondité. Le détenu est rivé à son soi haïssable, et n'accède que très difficilement à son moi qui est bonté. En lieu et place de tendresse, il y a la force. Or, un grand nombre de détenus souffrent de carences affectives sévères et on ne compte plus les enfants battus, les adolescents violentés, les adultes blessés. L'absence de tendresse dans la petite enfance peut avoir des conséquences extrêmes à l'âge adulte. Bien sûr, ceux qui croient au paradigme punitif diront que tous les enfants battus ne sont pas plus tard des adultes violents. En disant cela, ils se placent dans une position que l'on pourrait qualifier, avec Koestler, de théologique : à partir du moment où il y a une idée, quelque part, de bien, il est en théorie possible de s'y conforter et toute déviation, responsable et volontaire, est sanctionnable. Cette position semble totalement méconnaitre que la volition, comme les aptitudes physiques, n'est pas une donnée immatérielle dont chacun serait pourvu et dont il userait à sa guise. « Il aurait pu faire un petit effort de plus » (le conditionnel passé est le temps et le mode de l'accusation) entend-on sans cesse. On punira donc, sans tendresse ni compassion celui qui en a été privé auparavant. Il est aussi absurde de considérer que chaque

[233] Lévinas, Emmanuel Totalité et infini Livre de poche 1990

individu est libre d'agir à sa guise à chaque instant, qu'il serait capable, en se forçant un peu, de finir le marathon en quatre heures. Pour autant, le déterminisme -tout est résultat de gènes, de contexte social et politique- n'est pas tenable, sauf à éliminer la liberté. Dès lors, celui qui est désajusté par rapport à ses pairs attend d'eux quelque chose de l'ordre de la justice, qui devrait chercher à ce que ceux qui ne peuvent « se sentir, se voir et ses toucher » retrouvent un dialogue. On verra que la justice restauratrice se positionne un peu dans cette démarche. « Le dilemme entre la liberté et la prédestination est l'essence de la condition humaine »[234]

Toucher, au sens propre comme au figuré, prend toute sa place avec des détenus. Ils expriment volontiers le fait que le juge est incapable de « toucher du doigt » leur problèmes, ou qu'il les charge de fardeaux qu'ils seraient incapables de soulever du petit doigt. C'est aussi la tâche du soignant de toucher des corps meurtris, mettre un baume sur tant de misère[235].

Le puni, et pas seulement le détenu, est aussi un être humilié.

Le maitre d'école, dans un temps pas si ancien, imposait à l'élève décrété fautif de rester au coin, avec son bonnet d'âne, et bien en vue. Le pilori fait encore partie de l'arsenal punitif et, à défaut de l'entrave de bois sur laquelle le délit était inscrit comme lettre infâmante, les commentaires dans la presse ou sur internet placent le coupable dans une situation d'humiliation qui est sa première peine. La fouille, même partielle, est une manœuvre d'humiliation.

L'humiliation touche le visage, qui en rougit même. L'humiliation vise à ce que l'autre « perde la face ». « L'humiliation est souvent bien plus grave que la violence et engendre pour plus tard une violence aux effets

---

[234] Koestler op cité p 106

[235] L'expression est d'Etty Hillesum

dévastateurs »[236]. Et Abel de citer Simone Weil : « on est toujours barbare avec les faibles ».

Le surveillant, le juge, soi-même lorsque l'on se punit, n'humilie pas gratuitement. L'humiliation touche à la dignité, laquelle est, pour rester un peu kantien, le signe de l'homme en tant qu'homme, inaliénable comme objet. On humilie parce que l'on a peur de l'homme. Peur que ce « soi-même comme un autre », selon l'expression de Ricoeur, se retourne en Même. Mais c'est l'Autre que l'on attend, pas le même. Paradoxalement, celui qui humilie s'humilie lui-même. Des surveillants me racontent parfois, en catimini, qu'ils n'aiment pas déshabiller les détenus, ou fouiller leur cellule : ils en sont eux-mêmes humiliés.

Une chose est d'humilier, une autre de s'humilier. Être terre à terre, près de l'humus, est précisément ce que l'on attend de l'autre, qui ne peut aimer que d'en bas. L'aide-soignante qui, jour après jour, lave la personne âgée de ses excréments n'est pas humiliée, mais elle se met dans une position d'humilité, pour le service de celui qui est malade. Mais aller vers le très bas[237] ne peut pas être une contrainte, car ce mouvement de service n'est pas le fait de l'esclave, c'est le fait de celui qui choisit en toute liberté. Du coup, celui qui reste dans l'humilité redonne, à son insu, la dignité à autrui. Il y a dans le milieu carcéral le cheminement inverse : humilier le détenu, c'est faire comme s'il était seul dans son « humus », tandis que le surveillant, à l'abri, garde « sa place au soleil », dont Pascal disait : « voilà le commencement et l'image de l'usurpation de toute la terre »[238]. On humilie donc pour isoler autrui dans son altérité, comme s'il n'y avait rien entre lui et moi. « Moi, je suis moi, toi, tu es toi. » et on entend : « tuez (le) toi », ou

---

[236] Abel O Arrêtons l'humiliation, revue Projet oct 2016 p 78

[237] Voir le livre éponyme de Christian Bobin

[238] Cité par Lévinas dans Ethique et infini Fayard 1982, en conclusion (chap 10)

bien « tais-toi ». Les homophonies permettent d'attirer l'attention sur le fait que renvoyer l'autre à la terre, le mettre à terre, voire « plus bas que terre », c'est le nier en tant qu'autre, le tuer.

L'humiliation est une des armes les plus redoutables. Elle est utilisée dans les guerres -le viol est une arme de guerre-, dans les instituions répressives -il n'y a pas si longtemps dans les écoles- les établissements de peines, parfois même dans les lieux de travail, les familles, bref, partout où un puissant a peur. Ce n'est pas parce qu'un père, un enseignant, un juge, un policier est pervers qu'il humilie, c'est parce qu'il est convaincu que, pour qu'une société reste stable et organisée, il est nécessaire que certains plient l'échine. Il y va, diraient-ils, de la survie du groupe, qu'ils croient être organisé, à l'image de ce que l'on voit chez certains animaux, selon une hiérarchie précise. Humilier, c'est faire sentir à l'autre qu'il est plus faible, plus vulnérable, et qu'il doit s'en remettre à celui qui fait sentir son pouvoir. Le puissant tient au pouvoir comme à sa vie, persuadé qu'il ne la préservera qu'au prix d'un sacrifice, le plus petit en tant que tel. Avant d'être tuée, la victime expiatoire est souvent présentée nue à la foule, pour signifier qu'elle n'appartient plus au monde des hommes.

L'humiliation cherche à inscrire la culpabilité dans le psychisme même du puni, de telle sorte qu'il en arrive à être persuadé que la punition est nécessaire. Nietzsche s'était montré sévère contre ce sentiment, celui de l'esclave persuadé qu'il est à sa juste place. La culpabilité se transmet même d'inconscient à inconscient, et j'ai vu tout à l'heure un jeune arriver à la maison d'arrêt, pour la troisième ou quatrième fois, avec un air de chien battu, expliquer que, de toute façon, il retrouvait son frère, ou son oncle, ou son père. Comment l'enfant pourrait-il dépasser l'aîné ? « Il arrive que la culpabilité conduise en enfer » dit Lytta Basset[239], dès les

[239] Basset, L culpabilité, paralysie du cœur Labor et Fides, 2003

premières lignes de son essai. Pour sortir de cet enfer, la plupart ne trouvent d'autre voie que celle de la violence ce qui, dans le milieu carcéral, aggrave encore un peu le processus.

Il existe des liens très étroits entre l'humiliation et l'atteinte à la pudeur. La pudeur étant l'expression physique du sentiment de vulnérabilité, humilier revient à violer cette dimension essentielle de l'homme, qui se découvre au fur et à mesure qu'il prend conscience de lui-même. Il n'y a pas de monde humain sans pudeur. Il n'y a pas de définition de la pudeur, dont les contours varient selon les lieux et les époques. Néanmoins, et même si, d'une certaine manière, la pudeur doit se méconnaitre, n'importe qui peut faire l'expérience d'une situation impudique : mettre au grand jour ce qui doit rester caché, protégé. En ce sens, le milieu carcéral est fondamentalement impudique, obscène.

Le processus d'humiliation dépasse même le condamné, et entraine bien souvent ses proches avec lui. On voit régulièrement les familles être l'objet de mépris de la population, sous prétexte que l'un de ses membres a commis un crime. L'opprobre retombe sur les enfants, parfois sur plusieurs générations et, à grande échelle, un pays peut chercher à dépasser l'humiliation dans la guerre. Au vrai, entre la guerre et la punition infligée à un individu, il n'y a de différence que de degré, pas de nature. On peut oser affirmer que la punition suprême qu'un pays infligerait à un autre par l'arme nucléaire a les mêmes racines que la plus banale des fessées données à l'enfant : la peur. La question posée au parent, comme au prince est la même : « pourquoi as-tu peur ? » Dès lors que l'autre est considéré, à priori, comme dangereux, la seule solution consiste, dans les relations, à se protéger, se méfier, isoler et séparer. Se séparer d'autrui par la violence est exactement l'inverse de la séparation que l'on choisit dans la création. Créer, c'est ouvrir. Avoir peur, c'est fermer.

Ce n'est pas un hasard si, dans le milieu carcéral, il existe une peur quasi panique, profondément névrotique, de l'ouverture. Même les fenêtres ne s'ouvrent pas, ou très peu et, bien souvent, les verres dépolis, en ne laissant quasiment pas passer la lumière, signifient que le détenu ne doit pas s'évader en regardant le ciel ouvert. « À ciel ouvert », c'est ce qui est redouté en prison, d'où les filets, les murs élevés, les barrières en tout genre qui bouchent l'horizon physique, prémices de l'horizon psychique.

11- Carcéralisation des sociétés

La croyance selon laquelle la violence légitimée est le moyen principal, sinon le seul, pour réguler les relations entre les hommes considérés à priori comme des « loups » s'expriment parfaitement dans la justice pénale, qui peut être ainsi considérée comme une loi de la jungle rationnalisée. Le juge, arguant du fait que l'homme est un fauve, et incapable de voir son aspiration à s'évader de son animalité, pour marcher vers son humanité, parole faite chair, persiste à user et abuser des dents, griffes, venin, cornes et crocs qui sont les attributs des bêtes. Il n'y a pas si longtemps que -dans nos établissements carcéraux du moins- les châtiments physiques, donc souvent sanglants n'existent plus. Sous l'Ancien Régime, il était normal que le sang gicle, exactement comme celui de la gazelle sous les crocs du lion. L'hygiénisme ayant pénétré les milieux carcéraux, on n'aime plus -et on craint même- le sang. Les tortures sont donc aseptisées, ne laissent pas de traces sur la peau comme les fers d'antan, cherchent à être le plus parfaitement invisibles possible. Sont-elles pour autant plus supportables ? On est en droit d'en douter et, entre la peste que représentaient les tortures physiques et la mort à brève échéance des siècles passés, et le choléra que représente la très lente agonie, dans des tourments psychologiques souvent insupportables, que sont les longues peines, on peut se demander ce qui vaut mieux. À Clervaux, il y a quelques années, des condamnés à perpétuité avaient réclamés, pour eux-mêmes, le rétablissement de la peine capitale.

Si l'idéal social est un équilibre de la violence, l'établissement carcéral en est le parangon. Il n'est pas possible à la fois de tout organiser selon le principe accepté et reconnu du homo homini lupus, tout en se lamentant de ce que l'homme soit pervers, cruel, brutal. Il est important de savoir si les lois sont pour limiter ce principe, ou pour encadrer l'autre principe selon lequel l'homme est un frère pour l'homme.

La croyance dans le paradigme punitif mène à ce que l'on peut appeler la carcéralisation de la société. L'univers carcéral étant parfait dans son rôle, la société doit s'organiser selon ses principes.

La plupart des moyens de coercition et de surveillance qui sont utilisés par le politique dans toutes les sphères sociales l'ont été auparavant derrières les murs : vidéo surveillance, contrôles réguliers, traçabilité, vigiles postées un peu partout, portes et sas de toutes sortes, détecteurs de métaux, palpations, fouilles. Ce qui, il n'y a que peu d'années, était considéré comme intrusion, abus de pouvoir, racket, semble maintenant admis.

À titre d'illustration, je me remémore l'anecdote vécue il y a peu. J'ai failli en faire tout un fromage ! Un de mes fils, heureux de retrouver sa femme à Londres, se présente au poste de contrôle d'un petit aéroport de province avec, dans son sac, quelques morceaux de nos excellents fromages. Las ! Le préposé à la sécurité lui retient le bleu d'Auvergne, mais admet que le Cantal soit embarqué (ou l'inverse). Demandant comment le fromage pouvait exploser en plein vol et précipiter l'A 320 au sol, il fut donné des explications subtiles dont le sens a échappé à mon fils. Revenus sur les lieux peu après pour tenter de récupérer l'objet dangereux, l'agent de la sécurité, fort aimable au demeurant, nous a livré la raison profonde des règles qu'il doit appliquer : « avant de passer le portillon, tout voyageur est considéré comme un terroriste ». Dont acte.

Les choses sont ainsi très claires : dans une société carcéralisée, « mise en geôle du quotidien », autrui est, à priori, un danger dont il faut se protéger. Dès lors, et comme les animaux qui, avant d'entrer en contact avec d'autres, mettent en place des stratégies très élaborées de contrôles et de vérification, et multiplient les flairs, les signes de soumission ou de domination, les inspections, l'homme multiplie à l'infini les signes de méfiance et de rejet. L'industrie de la peur prend donc des proportions inimaginables. Pour l'armement, on ne lésinera pas sur les dépenses, quand bien même sont-elles l'expression de nos peurs de nos voisins. Dans la rue, on multipliera les caméras, dont on attend qu'elles nous indiquent qui, des gens que nous croisons, sont à accueillir ou non. Peu importe que cela coûte fort cher et ne serve à rien, seul compte le symbole. Sire Martin commence son livre par : « Ecole, justice, psychiatrie, prison, services sociaux et, bien sûr, police, sont dévorés par la tentation sécuritaire »[240]. Elle dénonce la « frénésie législative » par rapport à la sécurité, comme dérive totalitaire. Toute action, toute pensée, tout comportement, confronté à chaque instant à une norme, devient le lieu de la confrontation avec un pouvoir d'autant plus sournois qu'il a prétention à l'exactitude : le réel, en se subsumant au chiffre, se fige. Mais, dit René Char, « la réalité est la moins saisissable des vérités ». Dès lors, imaginer qu'autrui, dans l'imprévisibilité de son étant, pour employer une expression heideggérienne, sera compréhensible et connu, relève de l'idéologie.

Mais l'idée, dont on sait pourtant depuis des siècles qu'il faut s'en méfier, apparait comme lumineuse. Lucifer, selon le sens latin.[241] D'où la tentation de s'y engouffrer.

Ainsi, depuis quelques années la sécurité, et même la haute sécurité, est devenue un thème politique. L'État

---

[240] Sire-Martin, E, filmer, ficher, enfermer. Vers une société de surveillance, Sylepse 2011

[241] « Lucifer, ou la fausse Aurore » dit Bernanos dans « sous le soleil de Satan »

providence fait petit à petit la place à l'État pénal. Une société carcéralisée est une société où les corps doivent être parfaitement dociles à l'idée. Tels des logiciels capables d'intégrer les innombrables normes auxquelles ils sont soumis à chaque instant. Comme si chacun « avait un corps » et non, comme ledit Merleau Ponty « était un corps ». Si mon corps m'appartient comme objet, alors je dois, moyennant coercitions et exercices, en faire ce que je veux, ou ce qu'un pouvoir veut. Le danger est d'identifier le corps et l'être, comme s'il n'y avait aucune distance entre le soi et le moi. Un corps qui sort de la norme apparait comme honteux, donc haïssable et punissable, pour qu'il puisse réintégrer le corps social, grand tout dans lequel il disparait, vitre entre deux vitres. On est dans l'hitlérisme, dit Lévinas[242], quand la honte, et la nausée qui l'accompagne, sont élevés à un niveau politique. Mucchielli[243]explique en quoi la création de la violence est un argument politique. Au vrai, jamais notre société n'a été aussi paisible. Mais il y a loin entre la délinquance réelle, très difficile à chiffrer, et le sentiment d'insécurité dont on discute sans cesse au café de la poste.

Un État peut se carcéraliser quand il ne sait plus sur quoi repose sa légitimité. On ne punit pas sans raison.

À l'âge classique, et donc jusqu'à un passé relativement proche, un pouvoir se maintenait parce qu'il entretenait la guerre. Napoléon a fondé sa gloire sur les conquêtes qu'il a entrepris, et sa gloire, c'est son pouvoir. Au 19e siècle, les conquêtes coloniales sont des expressions du pouvoir, de même les guerres incessantes. C'est encore le cas pour certains pays. En Occident, et nostalgiques de ne plus guerroyer contre nos voisins et maintenant amis allemands, anglais, espagnols ou italiens, comme cela s'est fait pendant des siècles, nous décrétons faire la guerre « à la drogue » à

---

242 Lévinas, Quelques réflexions sur la philosophie de l'hitlérisme, Rivage Poche 2018 paru en 1934

243 Mucchielli, M L'invention de la violence, Fayard, 2011

l'« insécurité », au « terrorisme », et les princes puisent dans ces « guerres » leurs légitimités. Il ne s'agit plus d'armer la jeunesse et de l'envoyer se faire massacrer aux frontières ou à l'autre bout du monde, mais de faire du voisin un ennemi que la justice pénale, nouvelle armée, va tôt ou tard éliminer. D'où le discours sécuritaire. Le danger n'est plus le « boche », mais celui qui, avant de passer le portillon, est un terroriste.

Les attentats dits terroristes, au demeurant rigoureusement exceptionnels et c'est heureux, sont considérés comme des actes de guerre et les discours politiques en profitent pour en accroitre leur légitimité. « Circulez dans la rue en toute quiétude » dit le politique, « nous veillons sur vous et si, parce qu'il manque encore quelques caméras et agents de sécurité, il vous arrive quelque chose, nous en assumons notre responsabilité ». Tout acte violent devient un acte de rébellion contre l'État. Qu'un malheureux chauffeur de car rate un virage ou un passage à niveau et cela mobilise tout un gouvernement, qui réagit comme s'il était immédiatement en cause, et cherche à tout prix quelqu'un à punir. Qu'un individu, envahit, par un sentiment de vengeance, règle ses comptes avec son ennemi -le dernier duel est celui de Defferre à Marseille, en 1957 - voilà que le prince est blessé dans son orgueil et réagit instantanément. Face à un jeune en déshérence qui cherche à laisser une trace en se faisant exploser dans un lieu public, le pouvoir déclare la guerre au terrorisme. Mais la prétendue « menace islamique » contre laquelle les gouvernements partent en guerre n'est que l'expression de ce que le prince est obsédé par le souci de sa légitimité. Au vrai, aucun islamiste ne prétend faire la guerre à l'Occident, même si son discours est belliqueux, il n'en a ni la volonté, ni les moyens. Il cherche simplement, telle la mouche dans l'oreille de l'éléphant, à agiter de façon durable le pachyderme pour que, de lui-même, il détruise sa propre demeure. Les sicaires, au début de notre ère, avaient fait de même à Jérusalem et d'agitation ponctuelle en agitation ponctuelle, Titus a fini par envoyer ses légions raser la ville.

La réaction sécuritaire aux actes terroristes, ou à tout acte illégal, oriente une société vers sa propre destruction, car vivre dans la crainte permanente de son voisin n'est pas tenable dans la durée. L'extension exponentielle du punitif aboutit à des États policiers, dans un premier temps, puis à une société où l'homme est de trop. À l'âge classique, une société se détruisait dans la guerre et les pères dévoraient, tel Kronos, leurs enfants sur les champs de bataille. De nos jours, elle entreprend d'étouffer ses membres dans des cases de plus en plus réduites, jusqu'à ce qu'ils en meurent. On préfère l'asphyxie aux « gaz appropriés », à l'épée ou au canon. Question de mode…

L'essence de la carcéralisation reste la peur, que le politique exploite. « La société de la peur est devenue intolérante à tout, aux petites comme aux grandes faiblesses. La moindre infraction à la règle est devenue parfaitement inacceptable, car elle renvoie l'opinion à l'état de dérégulation générale de la société »[244].

Un des symboles les plus parlants de cette carcéralisation, et parce qu'il s'exerce dans les activités les plus banales et quotidiennes, est l'extension des sanctions infligées aux automobilistes. L'ultime avatar de cette passion à punir s'exprime dans le CSA[245].

Il ne sera pas question, ici, de discuter de l'efficacité ou non des radars routiers, ou des intérêts financiers en jeu, ni des conséquences importantes en termes de perte de permis, donc d'emploi bien souvent. On ne rentrera pas dans les discussions techniques sur les risques des vitesses trop réduites sur la somnolence ou l'attention, ou encore sur les fluidités des trafics. Toutes ces questions sont d'importances

---

[244] Lambert, C, la société de la peur, Essai 2005, p 139
[245] Contrôle sanction automatisé

et justifient des débats. Diverses associations[246] restent très actives dans ce domaine.

Pour en rester, modestement, à un niveau phénoménologique, on essaiera de montrer que l'extension du CSA est bien plus qu'un racket ou un mensonge : une erreur.

Contrairement au paradigme classique qui consistait à punir un individu qui, intentionnellement, avait commis un acte nuisible à autrui, et sans méconnaitre l'extrême subjectivité des termes « intentionnellement » et « nuisible », le CSA s'adresse à un très grand nombre d'individus, voire tout le monde, qui n'ont nulle intention de nuire et qui, de fait ne nuisent que très rarement, et toujours involontairement. Sauf cas plus que rarissime, un accident de la voie publique ne correspond jamais à une réelle volonté. En gros, quiconque prend son volant est certain, tôt ou tard, d'être verbalisé. Ceux qui roulent le plus (et qui ont donc la plus grande expérience de la conduite) risquent davantage. L'individu qui sort sa voiture se trouve donc dans une situation où il ne peut pas ne pas être puni. Il l'est, non parce qu'il a causé un tort, mais simplement parce qu'il est là à un moment donné. L'ambition du CSA est d'être partout et toujours, tel Sauron, et que nul ne puisse y échapper. Pour le CSA, il n'y a pas de personnes délinquantes et d'autres lésées, simplement une multitude de personnes qui, à un moment donné, se sont écartées d'un iota d'une norme. Dans le CSA, n'est pas sanctionné une « perversité » ou une « rébellion », mais simplement le fait que l'homme ne peut pas, à chaque seconde d'une conduite motrice, être attentif aux innombrables paramètres qu'un logiciel pourrait intégrer. Il lui est finalement reproché d'être faillible, donc humain. Sur la route, le CSA annonce que l'homme est de trop. On ne pardonnait pas au pauvre de voler quelques sous pour

[246] Ligue des conducteurs, 40 millions d'automobilistes, motards en colère…

survivre. Avec le CSA, on punit sévèrement le fait d'avoir eu une seconde d'inattention, une brève maladresse, une distraction ponctuelle, même si ces « fautes » n'ont, dans l'immense majorité des cas, aucune conséquence. Le prince ne supportant pas que son pouvoir soit bafoué sur les routes, parce que tout accident lui semble être de sa responsabilité, il importe qu'il le signifie à chaque instant. Dès lors, la crainte d'être sanctionné est constante pour quiconque prend son volant.

Bien sûr, et c'est une constante dans toutes les idéologies, le CSA se drape de ses attributs téléologiques : diminuer le nombre de morts sur les routes. Il en oublie, et c'est l'essence même de tout système totalitaire, que la fin ne justifie pas les moyens. Le puni, au moment où il est repéré, n'a jamais commis d'autre tort que celui de s'être mis en marge -infinitésimale le plus souvent- d'une norme.

Il n'est sans doute pas excessif de faire du CSA le symbole d'un totalitarisme *soft* qui, insidieusement, s'infiltre dans les activités les plus quotidiennes. Dès lors que le principe idéologique est admis, on peut, en toute logique, s'inquiéter de ce qu'il soit appliqué partout où la sécurité est en cause. Un piéton, via les logiciels de reconnaissance faciale, se verra sanctionné parce qu'il ne marche pas exactement où cela est prévu, comme dans le milieu carcéral où les détenus doivent emprunter des couloirs bien définis, le travailleur, « vidéo surveillé », ne pourra jamais, sous peine de sanction, se permettre une quelconque liberté dans son rythme. On pourrait multiplier les exemples.

Il importe de comprendre pourquoi, en dehors de rares exceptions, la majorité des citoyens admettent sans sourciller les mesures qui les blessent. Servitude volontaire. Sans doute, et La Boëtie allait dans la bonne direction. Mais il ne pouvait pas imaginer l'extension du paradigme punitif rendu possible par l'informatique. À l'échelle que nous connaissons actuellement, il ne s'agit plus seulement d'un désir obscur d'être proche du pouvoir et d'en espérer des bénéfices. Il s'agit d'adhérer en masse à la croyance selon laquelle il n'existe pas d'autre alternative que la coercition pour réguler non seulement les conflits, mais les simples relations du quotidien. Une jungle inhospitalière dans laquelle le flair animal est avantageusement remplacé par les logiciels idoines.

Cette voie est une impasse. Aucun individu ne pourra intégrer la totalité des normes qui lui sont imposées. Du fait même de sa singularité, inadmissible dans une totalité, il sera nécessairement coupable. De plus, chacun peut se demander qui détermine la norme : le pouvoir, le scientifique, l'expert ? Mais aussi, selon les coutumes, le clerc, l'homme en tant que mâle, ou encore le plus riche. Personne ne peut affirmer être juste, surtout pas la loi qui, elle, change souvent.

Cette carcéralisation des sociétés, dont le CSA est un symbole parfait, reste toujours rampante. On la repère sitôt qu'une technique, une habitude, une règle exercée en prison se répandent dans toutes les strates sociales. L'informatique, dévoyée, est l'outil de ce nouveau panoptisme.

12- Rôle de l'informatique

Tout, dans l'établissement pénitentiaire est noté, comptabilisé. Ce que l'âge classique avait tenté de faire après Beccaria, en proportionnalisant les peines et ce qu'il avait fait avant, établir des barèmes et une graduation des châtiments, l'informatique peut le faire maintenant sans difficulté.

La totalité des faits et gestes des détenus, leurs états psychologiques, leurs liens sociaux, les antécédents même anciens intègrent des algorithmes dont l'objectif est de faire tout pour qu'ils y restent enfermés. Sans difficulté, le juge pourra ainsi rappeler au prévenu qu'il a fauté il y a des années, quand bien même il n'aura posé aucun problème depuis. À la moindre incartade, le logiciel peut faire ressurgir quantité d'évènements que le détenu aurait voulu oublier. On peut même chercher à punir à titre « préventif » en appliquant les échelles actuarielles de dangerosité, résultats purement statistiques à partir de données empiriques[247]. Inutile de préciser que ce concept de dangerosité reste particulièrement sujet à caution et qu'en s'engageant dans cette voie, les psychiatres jouent un jeu dangereux dans lequel ils risquent d'y perdre le sens même de leur travail, celui d'être du côté du souffrant.

Ainsi M. B tout à l'heure. Il est condamné, en comparution immédiate, pour un incendie volontaire de voiture et une agression physique et verbale sur un agent de police. L'individu ne sait ni lire ni écrire, est bénéficiaire de

[247] Dr. G. NIVEAU *Evaluation de la dangerosité et du risque de récidive* éd. L'Harmattan. 2012 p. 15

l'allocation adulte handicapé, travaille en ESAT et, surtout, prend deux traitements antiparkinsoniens connus pour certains effets secondaires graves, tels les passages à l'acte compulsifs.[248] L'expertise psychiatrique, sans surprise, conclut à une absence de pathologie psychotique -ce que redoutent les juges- chez un individu aux capacités intellectuelles modérément altérées. Fort de cet appui, la justice pénale peut prononcer sa sentence sans le moindre risque. La personne n'est pas incapable de saisir, au moins un peu, le sens de sa peine, la société se protège et le magistrat ne met pas en prison un malade. Nonobstant, il est totalement impossible d'affirmer que la prise du traitement, et la pathologie pour laquelle il est prescrit n'y est pas pour quelque chose dans le passage à l'acte. Dans le doute, le choix se fait contre la personne, fort d'une probabilité de récidive éventuellement chiffrable.

L'informatique ne connait que le chiffre. Elle ne peut appréhender ce qui fait l'essence de l'homme, la parole. L'ordinateur communique bien, très bien même, mais il ne parle pas. Il reproduit, mais ne crée pas. Il mémorise tout, mais, contrairement au cerveau humain, est incapable de travailler ce qu'il a mémorisé, de modeler le souvenir en fonction des affections, des états psychologiques, des blessures diverses du psychisme et du corps. Chez l'homme, le souvenir est un mécanisme vivant, et jamais le récit d'un évènement est le film fidèle de la réalité.

Le chiffre assèche. En prison, le détenu est poussé à compter. Compter le nombre de jours qui restent, compter les heures qui s'égrènent lentement, compter ce qu'il a fait, les documents qu'il a remplis, le nombre de demandes diverse effectuées. Essayer de mettre sa vie en nombres. De son côté, le magistrat comptabilisera tout et, en fonction de critères que le détenu ne comprend en général pas, établira un barème subtil de la peine. On ne compte plus le châtiment en

[248] Revue prescrire avril 2013 n° 354 p 259

coups de fouet, mais en jours de réclusion. Tel acte « vaut » tant de jours. A la limite, il n'y a plus besoin de juge et, dans le pénal comme sur la route, la sanction se cherche une automatisation.

L'informatique n'oublie rien. Elle est plus redoutable que le marquage au fer rouge d'antan. Ne pas oublier est l'inverse du processus physiologique normal qui, lui, veut éliminer ce qui fait mal, ou le refouler dans un inconscient que chacun espère suffisamment étanche pour n'en pas trop subir les retours. La consommation massive de psychotropes participe de ce désir d'oubli.

Forcer à ne pas oublier, c'est interdire le processus qui permet au psychisme de se remodeler, de reconstruire une certaine image de soi à peu près acceptable, de filtrer les affects et les pulsions dangereux. Le chiffre contrarie les processus de réinsertion, de résilience, de désistance.

On peut toujours parler à un juge, même inique. On ne peut discuter avec un chiffre.

Le premier chiffre auquel le détenu est confronté est son numéro d'écrou. Certains ne le supportent pas et exigent du personnel qu'il soit appelé « monsieur, madame »[249]. Le chiffre a un avantage, ne prêter à aucune équivoque. Contrairement au langage, polysémique, flou, ambigu, mensonger même parfois, mais fondamentalement évocateur, appel, le chiffre constitue un code unique. Le rêve d'un langage unique est consubstantiel à toute organisation totalitaire. Dans le mythe biblique de la tour de Babel pourtant, le peuple qui, pour bâtir son empire pense qu'un langage unique est indispensable, se voit dispersé sur toute la

---

[249] Rappelons que le personnel de l'administration pénitentiaire est tenu de respecter la dignité des personnes incarcérée, qui va jusqu'à interdire le tutoiement, pourtant largement utilisé. Décret n° 2010-1711 du 30 décembre 2010 portant code de déontologie du service public pénitentiaire art 15

terre par la divinité, qui lui donne désormais, merveilleux cadeau, de parler un grand nombre de langues. Il y a dans le passage biblique la transformation du chiffre - symboliquement, les innombrables briques, toutes pareilles, dont sont construites les ziggourats- en paroles : pour construire, il faut se parler.

Il est symptomatique qu'une tendance actuelle, plus nette encore peut-être aux États unis, aille dans le sens d'une organisation pensylvanienne[250] de l'architecture des centres carcéraux. Le prétexte est celui de la sécurité ; en fait, il s'agit de privilégier les relations ou non. Le détenu idéal n'est plus qu'un chiffre sans visage. Sa mort n'est plus qu'une croix sur une ligne d'un logiciel. Tous les deux jours, un homme meurt en détention : l'institution s'en préoccupe non pour la personne décédée ou ses proches, mais parce qu'elle est obsédée par sa protection, pas celle des détenus. Dans un univers carcéral, on se protège de l'Autre sans le protéger. Surveiller plutôt que veiller-sur.

Malgré tout conscient -mauvaise conscience- de ce qu'il faudra bien un jour que « soit jetée aux oubliettes de l'Histoire cette maudite habitude qui permet à l'homme d'enfermer l'homme et de le tenir emmuré », des magistrats et des ministres[251], dès après-guerre, et à la suite lointaine de Beccaria, ont cherché, à défaut de la supprimer, à humaniser la prison.

---

[250] Se dit de l'encellulement individuel, panoptique, isolé, à la différence du modèle auburnien, qui privilégie la vie « communautaire ». Les termes renvoient aux villes américaines où les modèles furent conçus.

[251] Amor, Michelet…

13- Humaniser ce qui ne peut pas l'être

L'humanisation des prisons, pour la France, correspond à l'arrivée aux gouvernements de ministres marqués par la guerre, dans les années 1950-60, tel Michelet, qui était lui-même passé en prison, en déportation à Dachau. Le souci, dans une perspective de réinsertion et de « rédemption » du condamné, était d'adoucir les peines. Dès le commencement, l'humanisation des prisons revêt une part de contradiction : si les conditions de détention sont telles que le détenu s'y sent mieux qu'en dehors, le milieu carcéral perd sa raison d'être. Dès lors, il faut humaniser sans vraiment humaniser… Punir un peu, pas trop, mais quand même… Bref, l'humanisation des prisons, qui procède sans doute d'une intention louable, reste très ambiguë, très ambivalente. En effet, soit l'on reste dans le paradigme punitif, et on ne voit pas pourquoi on adoucirait les peines, au contraire, devant l'échec de la coercition, il serait logique de revenir à des formes de châtiments plus cruels, soit on veut en sortir, et l'établissement carcéral perd toute son essence, qui est d'imposer aux détenus des conditions pires qu'en dehors. Comme si on voulait punir… doucement, d'une manière *soft*.

Amor, ministre de la Justice en 1945-47 écrira : « la peine privative de liberté a pour but essentiel l'amendement et le reclassement social du condamné »[252]. C'est peu de dire que le ministre, à l'aurore des trente glorieuses, péchait par optimisme. Mais il avait en tête que bien des personnes avaient été emprisonnées sans commettre d'autre délit que de

---

[252] Cité par Bouagga Y, Humaniser la peine, presses universitaires de Rennes, juin 2015 p 28

s'être trouvé en désaccord avec l'occupant. Il semblait pour le moins curieux que les héros de la résistance puissent quasiment se trouver dans les mêmes cellules que les voleurs ou violeurs. Une vingtaine d'années plus tard, Michelet aura le même cas de conscience à régler, entre les prisonniers politiques liés à l'indépendance algérienne et ceux de droit commun. Cette question finira par sceller son divorce avec Debré, ancien locataire de la place Vendôme et Premier ministre en 1962 l'accusant, entre autres griefs, d'excessive mansuétude. Bien des années plus tard, Christiane Taubira sera confrontée au même dilemme et pareillement congédiée…

Après-guerre, l'état des prisons françaises est lamentable et s'affirme petit à petit l'idée que « la peine privative de liberté a pour but l'amendement et le redressement social du condamné… le traitement infligé au prisonnier doit être humain »[253]. Il faut néanmoins attendre 1954 pour que la tonte systématique soit proscrite, et 1960 pour que, petit à petit, il y ait des toilettes dans chaque cellule. Nonobstant, on voit encore des centres pénitentiaires interdire le port d'une capuche, sanctionner celui qui, dans les coursives, resterait à discuter. Le droit de parler entre détenus n'est autorisé que depuis une cinquantaine d'années.

Ce bel élan humaniste ne résistera pas très longtemps. L'évolution sécuritaire à partir des années 70[254] ira contre les processus de réinsertion et d'humanisation. En 2006, le budget de l'AP est, à 56 %, consacré à la sécurité, contre 11 % à la réinsertion[255]. Quand bien même la proportion des détenus posant un réel danger social ou présentant un profil manifeste d'évadé potentiel serait infime tout, dans l'enceinte carcérale, est conçu comme si chaque condamné n'avait qu'une idée en tête, s'évader et commettre des atrocités.

---

[253] Bellanger H vivre en prison Hachette 2007 chap 2
[254] Mucchielli M L'invention de la violence Fayard 2011. chap 1
[255] Id p 73

Le processus d'humanisation s'est arrêté en chemin, faute de savoir s'il correspond à la première étape d'une abolition de la prison, ou de l'ultime concession à la respectabilité. Du point de vue du personnel, chaque étape d'humanisation est vécue comme un renoncement. On a vu, dernièrement, que les syndicats de surveillants cherchaient à revenir avant la loi de 2009 concernant les fouilles à corps[256] et se plaignent de ce que les détenus « font ce qu'ils veulent » comme me le dit un surveillant il y a quelques semaines.

Concrètement, et en apparence, tout est fait pour le détenu : travail, soins médicaux et psychologiques, politesse à tous les étages, souci du bien-être. En se déplaçant dans les coursives, on entend les gens rire et plaisanter, la musique envahir les murs, les personnes aller et venir dans les limites imposées, on voit untel prendre un café chez un voisin de cellule, tandis que tel autre fait son footing. Cette apparence ne témoigne pas du caractère inhumain du carcéral, mais simplement des capacités souvent sous-estimées de la nature humaine. Que les hommes bafoués arrivent, malgré tout, à maintenir un semblant de bonheur dans un cadre qui s'y oppose en tout point ne légitime en rien le maintien de ce cadre. Le sourire partagé en prison témoigne de ce que l'on ne réifie pas facilement l'homme, c'est même impossible. C'est une grande leçon tirée de l'expérience concentrationnaire dont Michelet témoigne : « pour moi c'est une leçon d'espérance en l'homme que je veux retirer de mon aventure » dit-il au retour de Dachau où il a frôlé la mort[257].

Au vrai, l'humanisation procède de la même erreur que celle qu'ont commis les premiers humanistes, en premier lieu Beccaria : le principe même de la peine n'est pas remis en cause et l'humanisation n'a d'autre but que de « faire passer la pilule ». Dans ce paradigme, le travail n'est pas vécu comme lieu d'expression de soi ou de symbole d'utilité

---

[256] Revue de l'OIP septembre et octobre 2018
[257] Michelet E rue de la liberté, livre de vie 1955 p 247

sociale, mais seulement comme un antidote à l'oisiveté, traditionnellement suspecte. Les soins médicaux et psychologiques ne sont pas, en premier lieu, destinés à soulager une souffrance, mais à maintenir le coupable dans une forme physique et psychologique pour qu'il soit, comme le stipule les rapports d'expertises psychiatriques, « accessible à une peine ». L'isolement n'a pas pour but, comme un moine dans sa cellule, de favoriser l'expression d'une vie intérieure, mais de faire sentir qu'il est face aux murs qui sont « la punition du crime… qui… met le détenu en présence de lui-même »[258] c'est-à-dire de l'être abject que la société a rejeté.

Néanmoins, on ne peut que favoriser l'humanisation des prisons, dès lors qu'elle offre la possibilité de créer un cadre de vie qui se rapproche de celui du reste de la société. Les expériences de diverses prisons dans des pays nordiques (telle Bastoy en Norvège, Horserod au Danemark) ou en Corse, la prison sans barreau (Casabianda) peuvent constituer un début de changement de paradigme : ceux qui y sont accueillis semblent parfois reconnaitre, non le poids de la culpabilité, mais la nécessité d'un éloignement, quasiment une retraite qu'on oserait presque qualifier de monastique.

La dé-rive sécuritaire met à mal les initiatives d'humanisation et, souvent, les directions d'établissements pénitentiaires se contentent du minimum. On repeindra quelques coursives, on acceptera des intervenants extérieurs pour des activités ponctuelles, mais on continuera d'enfermer pour des peccadilles, on isolera au QD celui qui téléphone à son amie, on interdira des visites, on prétextera les risques d'évasion pour barreauder encore un peu plus. Bien souvent, l'humanisation des prisons reste une sorte de slogan destiné à masquer la réalité : nous sommes installés dans l'acceptation d'une société de violence, et nous n'imaginons pas qu'il en soit autrement.

---

[258] Foucault M surveiller et punir Gallimard 1975 p 277

14- Pourquoi aller vers l'abolition ?

Abolir la prison suppose d'abord aller vers l'abolition du système pénal. Dès lors que l'on accepte le paradigme punitif, on ne voit pas pourquoi la prison devrait être supprimée. Il ne s'agit pas de remplacer une punition par une autre, comme s'il valait mieux croupir des mois ou des années entre quatre murs plutôt qu'être écartelé en place publique, mais d'aller vers une non-violence légitimée, en lieu et place de la violence institutionnalisée qu'est le système pénal.

La thèse semble, dans une société obsédée de sécurité et de peur, scandaleuse. Pourtant, c'est déjà ce qui se fait dans des sociétés particulières que sont les lieux de vie de la petite enfance, les maisons de retraite, les centres de soins, les monastères, les familles le plus souvent et pour une part, le monde de l'entreprise et du travail. Dans ces lieux de vie, la justice civile est à même d'arbitrer les conflits et de chercher non des coupables à punir, mais des responsabilités à définir, pour indemniser, partager, réorganiser.

Abolir le système pénal implique d'abord de renoncer, en soi même, à toute réponse violente à un conflit. L'accusation -l'autre coupable- est d'abord un mensonge. N'importe qui, pour peu que divers catalyseurs sociaux, psychologiques, financiers soient présents, est susceptible de commettre les pires crimes. Hannah Arendt parlait de la banalité du mal. Juger n'est pas un acte bon ou mauvais, c'est surtout un acte impossible. Dans la gestion des différends, la seule solution digne de l'homme est celle de la non-violence. En effet, si l'homme, qui craint par-dessus tout la violence et se fait un devoir sacré de la venger, accepte de voir en lui-même, et pas en autrui, la propension à exercer toute sorte d'actes pervers, alors sa seule et unique tâche sera de combattre en lui toute velléité de nuire.

Mais le système pénal ne concerne pas seulement les actes violents. Il en punit certains -ceux qui sont commis par les pauvres- ou sanctionne des actes jugés indésirables par le pouvoir. Il faut redire qu'un grand nombre d'actes punis ne sont nuisibles à personne et, inversement, des activités extrêmement dangereuses (on pense au commerce des armes) ne font l'objet d'aucun jugement et d'aucune condamnation[259]. Une menace de mort entre deux rivaux sera souvent sévèrement punie, alors que le chef d'État qui brandit l'arme atomique qui, elle, peut faire des milliers voire des millions de morts, ne semble inquiéter personne. L'abolition du système pénal, en définitive, ne ferait que déjudiciariser un certain nombre d'actes qui, ailleurs et à d'autres époques, ne sont nullement des crimes ou des délits. Dans un pays totalitaire, est terroriste, tel le résistant en France dans les années de guerre, quiconque n'obéit pas au doigt à l'œil au pouvoir. Diffuser un journal d'opposition est jugé terroriste par certains. On sait[260] que le viol est une arme de guerre à part entière et, dans le cadre d'un conflit, ce qui est crime en tant de paix cesse d'en être dans un cadre armé. Fassin[261]montre qu'il n'y a aucune corrélation entre crime et châtiment. Une tribu (Kiwa'i) accepte en quelque sorte un crime sans qu'il y ait punition, tandis qu'un noir américain peut passer sa vie en prison pour le bris d'une vitre. « L'idée même qu'un crime, à fortiori le plus grave pour une société

[259] « 80% des délits ne présentent pas de dangers majeurs pour la société » (Jollivet Fl De la punition à la réconciliation, l'Harmattan 2018 p 99

[260] Le prix Nobel de la paix a été attribué, en 2018, à Denis Mukwege, qui dénonce les violences faites aux femmes, en particulier dans les conflits.

[261] Fasin, D Punir, une passion contemporaine, Seuil 2017

donnée, appelle un châtiment, ne se trouve pas universellement vérifiée »[262].

Le prévenu est, avant le procès, supposé innocent. Or, il est très souvent puni. Il y a donc dans les maisons d'arrêt françaises, un grand nombre de personnes innocentes. J'ai vu un homme, accusé d'atteinte sexuelle sur personne vulnérable, purger trois mois fermes, puis être libéré sans autre forme de procès : « non-lieu ». On imagine sans difficulté le traumatisme gravissime pour l'individu et ses proches. Une « simple » garde à vue est déjà un châtiment sévère, même s'il ne prête à aucune conséquence judiciaire. En dehors du système pénal, le principe de précaution prévaut. Pour un juge, et selon les vieux principes empiriques selon lesquels il n'y a pas de fumée sans feu, ou que deux suspicions valent une certitude, il est préférable de maintenir en prison celui pour lequel on n'a pas de certitude absolue, plutôt que laisser en liberté un criminel potentiel. Personne ne semble offusqué de savoir un innocent incarcéré, en revanche, il ne sera pas pardonné au magistrat d'avoir laissé filer un coupable.

Punir est une invention relativement récente, du moins à l'échelle que l'on connait ; dans l'Antiquité, il fallait payer, pas nécessairement punir. Fassin conclut, avec Lévis Strauss : « Certains usages qui nous sont propres, considérés par un observateur relevant d'une société différente, lui apparaitraient de même nature que cette anthropophagie qui nous semble étrangère à la notion de civilisation. Je pense à nos centres judiciaires et pénitentiaires »[263].

Abolir le système pénal peut, de prime abord, sembler totalement utopique. Mais la difficulté ne réside pas dans la faisabilité technique du projet, elle se centre sur la nécessaire « rupture épistémologique ». Ce sont d'abord sur les représentations et les croyances qu'il faut travailler, et l'on

---

[262] Id p 31
[263] Id p 155

sait que là réside tout l'enjeu. Imaginer un processus, une technique, rédiger une loi est relativement simple ; travailler sur une représentation ne l'est pas.

Une des premières difficultés pour oser penser l'abolition tourne autour des conceptions morales. Girard a bien montré que le sacrifice n'est pas l'expression concrète de l'amour du sang. C'est exactement l'inverse. Celui qui sacrifie, qui punit, est convaincu du caractère odieux de la haine, des tensions, des violences, des exactions de tout ordre. C'est parce qu'il en est convaincu qu'il punit et sacrifie. Celui qui punit n'est pas pervers, sadique ou violent, c'est surtout un malheureux qui se perd, qui marche dans une mauvaise direction. Persuadé qu'il existe des « bons et des méchants », qu'il faut « lutter contre le mal », que « le criminel soit puni, même si on se trompe de temps en temps »[264] le juge se sent autorisé à exercer une violence.

Il importe au plus haut point de découvrir que la frontière entre ce qui est désirable et ce qui ne l'est pas n'est pas entre moi et l'autre, mais entre moi et « l'autre côté de moi », selon l'expression du poète Jean Debruynne.

Il n'existe pas une idée de bien en soi, détestable invention dira Nietzsche, mais une nature violente, loi de la jungle, dans laquelle la parole humaine, culture, prend petit à petit chair.

Il y a communauté de nature entre le meurtre ou le viol, expressions de colère, d'idéologie ou de folie, et le tsunami qui, en quelques minutes, fait périr des populations entières. Les blessés et leurs proches en sont meurtris à jamais. Dans tous les cas, il s'agit de subir les avatars du chaos primitif. Amoralité. Il faut lutter contre la violence comme on protège les routes de montagne des chutes de pierres, comme on se préserve du froid mordant avec des vêtements fourrés.

Nul besoin de sentences moralisatrices, nul besoin de fers, de carcans, de prison et de code pénal. Mais des recherches

---

[264] Graeme Allwright , « Qu'as-tu appris à l'école mon fils ? »

sociologiques, des programmes de soins, des pédagogies adaptées, des adaptations environnementales, des lois civiles, assurantielles, mutualistes, des médiateurs et des diplomates.

Il faut tendre vers une amoralité. Un traumatisme reçu n'est ni bien ni mal. Il fait du bien ou n'en fait pas. La seule direction à suivre est celle, évangélique avant d'être kantienne, qui consiste à ne pas faire à autrui ce que l'on n'aimerait pas que l'on nous fasse. Le seul à priori que je puisse reconnaitre est celui qui consiste à considérer qu'autrui ressent la souffrance et la douleur comme moi, parce qu'il appartient à la même famille humaine. Dès lors, je ne tue, je ne viole, je ne vole pas parce que je ne souhaiterais pas que cela m'arrive.

Et en aucun cas. Quand un évènement indésirable survient, je cherche, parmi les innombrables moyens humains que je connais, que je cherche à découvrir, une solution non violente pour remédier au trouble. Toute autre voie que celle-là est naturelle, naturaliste même, mais inhumaine.

Il ne s'agit pas de refaire une morale empirique, mais de retrouver l'antique eudémonisme : chercher le bonheur, pour se rapprocher autant que possible d'Epictète, d'Epicure, de Quohelet, c'est : « bien manger, bien digérer, bien dormir ». Autrement dit, jouir du minimum indispensable à la biologie, un peu de nourriture sous un toit, être en paix avec son corps propre, un certain silence des organes et, « en paix je me couche, aussitôt je m'endors »[265].

Fuir la violence, fuir les dysfonctionnements sociaux pénibles, c'est faire advenir la parole là où il n'y a que rapports brutaux des forces.

C'est pour cela que Louk Hulsman ne parle plus de crime, mais de « situation problème »[266], c'est-à-dire de situation

---

[265] Ps 4

[266] Coquet, M de l'abolition du système pénal, Camps ouvert 2016 p 11

neutre sur le plan moral, mais pas, bien sûr, sur le plan social, financier, physique ou psychologique. La réponse doit donc se situer sur les mêmes plans. Il est indispensable que les concernés eux-mêmes apprennent à régler leurs conflits, sans qu'une instance morale, voire moralisatrice, vienne s'imposer au nom d'un bien qu'elle seule affiche de comprendre. « Mets-toi vite d'accord avec ton adversaire pendant que tu es en chemin avec lui, pour éviter que ton adversaire ne te livre au juge, le juge au garde, et qu'on ne te jette en prison »[267].

On étudiera l'importante question des victimes au chapitre suivant.

Tout peut être criminalisé, tout peut aussi ne pas l'être. Le système pénal stigmatise certains actes qu'il définit comme délits ou crimes et ceux qui en sont auteurs sont maintenus dans la frange « la plus malheureuse et la plus opprimée de la société »[268]. Le catalogue des crimes et des délits ne recouvre qu'une petite partie de ce que l'on peut appeler les désajustements entre les gens. On punira sévèrement un cambriolage, même si le délinquant n'emporte rien, ou presque, et que le traumatisme psychologique reste très limité chez la victime, mais on ne pénalise pas un divorce, qui pourra être vécu comme une souffrance bien plus grande. Le vol d'un sac à main est un délit, pas la dissimulation de quelques rentes sur une feuille d'impôt. L'un se retrouvera en correctionnelle, l'autre, au plus, se verra imposer un redressement fiscal. Une bagarre dans un lieu public pourra poser des problèmes pénaux, même si les blessures sont moindres que celles reçues au cours de n'importe quel match de rugby ou de foot. Un licenciement abusif, dont les conséquences peuvent être très importantes, ne pourra être discuté que devant un tribunal prudhommal. Il n'y a pas si longtemps que l'opium faisait parti des commerces lucratifs,

---

[267] Mt 5 25

[268] Surveiller et punir op cité p 339

alors que le cannabis reste prohibé en France. Criminaliser ou non reste donc très largement lié aux divers pouvoirs et la frontière entre crime, illégalité et acte autorisé reste extrêmement floue. Dans bien des pays, est terroriste, donc criminel, celui qui ne pense pas comme le pouvoir. Du reste, aucun juriste ne dira que la loi édicte le bien, elle ne fait que définir le permis et l'interdit. Du coup, on pourra arrêter un honnête, bien qu'illégal, revendeur de drogue, et ne rien condamner chez le malhonnête, bien que légal, financier.

Ainsi, rien n'est plus instable que la définition de coupable et de victime. De fait, les deux concepts s'intriquent de telle sorte qu'il n'est pas possible d'en délimiter les contours, sauf à isoler un acte dans le temps, l'espace et le contexte social, c'est-à-dire en faire une illusion.

Le jeune, vu tout à l'heure à la maison d'arrêt, qui a frappé un peu fort sa compagne, est coupable à l'instant où l'acte est commis, mais il est victime de ses parents qui l'avaient battu toute son enfance, de l'école où, certes, il était coupable de semer la zizanie, mais victime de moqueries, de harcèlement. Et c'est sans compter les troubles neuropsychologiques, les particularités physiques, les contextes financiers, et la compagne, qui peut aussi être victime et coupable.

Si l'abolition du système pénal, lié à l'abolition du système carcéral, n'est pas une utopie, ce n'est pas parce que juger serait une démarche sadique ou perverse. C'est parce que juger n'est pas possible. Isoler un acte, une pensée, une volonté n'est possible que si l'on s'en fait une image, irréelle par définition. Il faut donc se méfier des images, qui ne reflètent que l'idée que je me fais d'autrui. Ce qui échappe à la compréhension, c'est l'Autre. Tout ce que le juge pourra noter, répertorier, classer scrupuleusement, ne sera que la somme des théories qu'il se fait sur l'étant qui, en face de lui, échappe à toute objectivation. Tout sauf autrui.

Dès lors, l'abolition du système pénal est la conséquence logique de la non-réification essentielle, consubstantielle même oserions nous dire, à l'homme.

Ce n'est donc pas parce que ce serait « mal » de juger, ou parce que l'inefficacité des systèmes punitifs apparait évidente, ou encore parce qu'une instance, disons divine, commanderait le contraire, qu'il faut dépasser le paradigme punitif, c'est parce que l'homme est le seul qui ne se conçoit pas dans une relation de pouvoir. L'homme-parole est un appel, dont le point de départ est la vulnérabilité, pas la force. L'homme-objet ne peut que façonner une philosophie de la puissance, l'homme- parole s'exprime dans une éthique, que Lévinas dit être philosophie première.

L'abolition du système pénal répond à une première interrogation : « est-il vrai que « la punition est toujours un acte de haine » ?[269]

En effet, même si nous persistons à ne pas faire du juge, de tout juge, un individu « mauvais », « méchant », mais un croyant dans l'utilité de la violence ritualisée dans un ensemble de codes, de normes, que définissent les doxosophes, la peine n'est pas vécue, par le puni, comme un acte de bonté. Même si, après coup, le puni acceptera - ou fera semblant d'accepter- le « qui aime bien châtie bien », il gardera en lui-même le stigmate de l'humiliation qu'il a vécu. Si l'acte de punir est un acte de haine, et que le juge n'est pas un haineux, c'est parce qu'il ne sait pas, finalement, ce qu'il fait. Comme si, de l'extérieur, un choix s'imposait à sa conscience, malgré lui, et le faisait se diriger dans une mauvaise direction. Bien sûr, ce choix est celui, imité, de ses pères. On ne punit que parce que l'on a été puni.

Haine donc comme voie sans issue.

---

[269] Coquet, M, De l'abolition du système pénal, Camps ouvert 2016 p44

Abolir le système pénal, c'est changer de direction, changer de « religion »[270], c'est-à-dire sortir du système sacrificiel qui, selon Girard, est de même essence[271]. Concevoir une société qui proscrit la punition, c'est accueillir, dans son éducation, et à commencer par celle d'enfants, une non-violence de fait.

Ne pas punir, c'est croire que la personne ne se réduit pas à un acte, fût-il insupportable à autrui, et espérer qu'il existera toujours une solution qui respecte l'homme dans ce qu'il est, une parole.

Concevoir un au-delà du système pénal suppose, avant même d'effectuer ce que Bachelard avait appelé « rupture épistémologique » (l'expérience première est une erreur première, et une théorie ne s'établira pas sur une sensation initiale, mais contre), une attitude d'humilité : rester dans le terre à terre de l'écoute des plus petits.

Face à l'expansion actuelle du punitif, se poser la question d'une autre justice, qui soit ré-ajustement avant d'être pénale, apparait presque un blasphème, alors qu'elle ne fait que placer dans un champ épistémologique particulier une des habitudes les plus anciennes de l'homme, châtier.

Quand, en 1846, Semmelweis se lave les mains dans la première solution antiseptique, et évite un grand nombre d'infections puerpérales, il se situe, pour lui, dans un champ scientifique. Pour ses pairs, qui ne lui pardonnent pas, il professe un autre credo, ce qui est insupportable. On sait que ce précurseur, attaqué de toute part, finira dans la folie.

Pour accepter que se pose l'idée même d'une abolition du système pénal, on proposera, à partir de l'allégorie classique des étudiants[272], [273] une phénoménologie.

---

[270] Id p 145

[271] Id p 151

[272] Id p 101

[273] Citée également par Salas, D La justice dévoyée, les arènes 2012 chap 6

Imaginons des étudiants habitant ensemble un grand appartement et partageant, parce que la colocation leur est un avantage financier important, une salle réservée à leur divertissement favori, le home cinéma. Imaginons encore que l'un d'eux dérobe le matériel et le revende pour son compte. L'équilibre est rompu et se pose alors aux autres la nécessité d'une réponse. On ne peut en isoler que cinq types :

La réponse pénale, qui fait de l'étudiant voleur un délinquant, auquel la loi s'applique. Imaginons la prison.

La réponse éducative : le fautif ne sait pas ce qui est bon pour tous, et il importe de lui apprendre ce qui est juste.

La réponse médico-sociale : ce colocataire doit avoir des difficultés psychiatriques ou sociales graves pour en arriver là.

La réponse compensatoire : qu'importe la culpabilité de celui qui a dérobé le matériel, pourvu qu'une assurance puisse dédommager les autres.

La réponse médiatrice : le conflit est potentiellement le symptôme d'un dysfonctionnement dans la relation entre colocataires, l'étudiant n'est ni un délinquant, ni un malade, ni un cas social, ni un débiteur, mais le protagoniste d'un problème à résoudre.

Du choix du groupe dépend la suite de la vie communautaire.

Si le fautif est puni et donc exclu, on peut s'attende à ce qu'il ne revienne plus, et le coût pour les autres n'en sera que plus lourd. De plus, les quatre étudiants désormais seuls dans l'appartement peuvent craindre des représailles si ce dernier estime que la punition n'est pas équitable. Le bilan, finalement, sera très lourd : rupture de la colocation, frais, inquiétudes.

Si on considère qu'il n'y a qu'un problème éducatif, cela suppose que l'étudiant voleur accepte son ignorance, ce qui n'est pas forcément son souhait. Cette démarche a l'avantage de miser sur la raison, à priori perfectible, de l'étudiant responsable du désajustement.

La réponse médico-sociale suppose une sorte de pathologie chez l'étudiant qui a dérobé le matériel, ce qui, dans la pratique, n'est pas forcément le cas. Nonobstant, il est fréquent que le psychiatre soit appelé à la rescousse dans tout trouble public ou privé, suggérant que l'aspect psychopathologique d'un acte est important, et ôte de l'acte tout ou grande partie de son aspect pénal.

Se tourner vers l'assurantiel, dans la recherche de compensation dans un conflit, c'est l'objectif de la justice civile dans un grand nombre de cas. L'idée de punition n'a aucun sens et seul compte qui va payer.

Enfin, la médiation permet de rétablir un dialogue rompu, sur des bases éventuellement nouvelles.

L'allégorie permet, en ne se centrant pas sur l'idéologie pénale, d'envisager les conséquences des décisions de justice en toute lucidité. C'est peu de dire que, dans le paradigme punitif, l'aspect conséquentialiste[274] est particulièrement méconnu. Un début de rupture épistémologique peut s'effectuer à partir du moment où, dans une décision de justice, vécue comme *ré-ajustive*, toutes les conséquences prévisibles de la décision sont discutées.

Pour reprendre les exemples discutés plus haut à propos des sanctions routières, on pourrait envisager, à chaque procès-verbal, les suites prévisibles pour l'automobiliste et ses proches : perte de travail, difficultés financières éventuellement graves, incapacité à honorer des engagements, perturbations familiales, etc.

L'abolition du système pénal tient compte de l'espérance an-archique qui est au cœur de l'homme : sa confiance

---

[274] Je n'utilise pas ce terme dans son sens philosophique, qui est proche de l'utilitarisme, mais dans son sens commun. Voir Thiaw-Po-Une, L, dir, Questions d'éthique contemporaine, Stock 2006

envers et contre tout en la vie. Chaque début, chaque commencement (αρχη) est cri, comme l'est celui du nouveau-né ou du vieux en fin de course : dans chaque commencement, même si c'est celui du départ vers la mort, est la parole d'autrui. Avant que nos étudiants ne se brouillent, il y a une parole qui scelle leur colocation ; avant qu'un couple ne se sépare, il y a une parole de don mutuel ; avant que deux pays ne se battent, il y a paroles commerciales, culturelles, rituelles ; avant qu'un individu ne commette un geste malheureux, il y a une parole d'accueil du nouveau-né qu'il a été. Seul le suicidé n'espère plus, mais, au vrai, nous n'en savons rien. Même dans la mort au fond d'une cellule sombre et sans joie, au cœur d'une nuit d'angoisse, le suicidé semble croire en une ultime parole, un dernier cri : « y aura-t-il quelqu'un pour m'entendre ? »

Parvenu à cette étape de la réflexion, au café du commerce, la question fuse comme une provocation : « tout cela est bien beau, bien idéaliste, mais les victimes, y penses-tu ? »

Entendu d'un surveillant : « ils ne sont pas là pour rien, ils n'ont pas eu de compassion, eux »

15- Ébauche d'une victimologie

> « Aucun de ceux que j'ai vus mourir ne m'a chargé de le venger »[275]

Novembre, dans les années 2008, dans une maison de retraite.

Je reçois, avec la psychologue, deux femmes de la soixantaine, accompagnant leur père très âgé, ayant totalement perdu la mémoire. En pleurant, elles expliquent qu'elles ne souhaitent pas que leur père soit maltraité ni soigné autrement que les autres résidents, mais qu'elles ne viendront pas lui rendre visite. En effet, les deux soeurs racontent que cet homme, notable dans son village autrefois, avait gravement abusé d'elles ; leurs vies en avaient été très profondément altérées, avec de longues périodes d'hospitalisation en psychiatrie, de tentatives de suicide, de dépression. Les filles de ce bourreau de leur enfance précisent qu'elles n'ont pas de haine pour cet homme dont elles auront eu tant à souffrir, mais qu'elles souhaitent que les choses s'arrêtent dans l'établissement.

J'ai pensé que la haine est un poids trop lourd pour leurs épaules épuisées, et qu'il valait mieux aller vers un quasi impossible apaisement.

Été 2012, dans un village du Massif Central.

Je rencontre un couple dont la fille, vers ses 20 ans, est très sauvagement agressée par un individu. Elle ne s'en sortira qu'après de longs mois dans les services hospitaliers,

---

[275] Michelet E Rue de la liberté, Ed du Seuil 1955 p 215

avec des séquelles importantes. Les parents, profondément blessés, me parlent du procès, des mois de souffrance durant les séjours hospitaliers, des questionnements sans fin sur la violence dont l'homme est capable. Je ne retrouve pas de haine ni de désir de vengeance dans leurs discours ; seulement le souci de ce que l'agresseur ne puisse recommencer, et aussi celui de comprendre, d'être entendu et écouté.

M B. dans un centre de détention, dans les années 2015

L'homme, d'une soixantaine d'années, purge une très longue peine pour le meurtre d'un notable. Il raconte n'avoir pas supporté que l'individu, violeur de sa fille, et parce que très bien défendu, ne purge qu'une peine qui lui semble minime. Il se fait, à la sortie de prison de ce dernier, justice lui-même, une justice à la hauteur de sa souffrance. La victime devient juge.

Maiti Girtanner, profondément torturée par la gestapo pendant la dernière guerre mondiale, et décédée il y a peu d'années, osera dire : « très très vite, j'ai eu le désir fou, irrépressible, de pouvoir pardonner à cet homme »[276].

Au café de la poste : « les petits délinquants, les toxicos, les escrocs, on veut bien leur accorder des circonstances atténuantes, mais les violeurs et les pédophiles, jamais… il faudrait les (!) leur couper, et que soit rétablie pour eux la peine de mort ! »

Parler de victime, c'est d'abord parler de ce qui fait mal. Sentiments d'injustice, d'incompréhension, de colère. Désir de vengeance, de violence à libérer. Que la justice fasse son devoir.

[276] Journal La Croix 30 3 2014

Inutile d'invoquer les « bons sentiments » quand on est victime. Il est naturel de crier. Tendre l'autre joue apparait au mieux comme une douce illusion, au pire comme une lâcheté, une attitude d'esclave. Une aberration ou un déshonneur.

Entendu aujourd'hui dans le service de psychiatrie : « je ne peux avoir de l'empathie pour ce patient, il s'est livré à des gestes déplacés sur une jeune fille innocente, dont elle pourra garder des séquelles longtemps ».

Il n'est pas possible de parler de victime sans passion, sans larme, sans douleur et la première démarche, pour qui veut essayer d'expliquer l'inexplicable, est d'abord celle du silence. « Qui donc vous apprendra le silence, la seule sagesse qui vous convienne » dit Job à ses amis, qui tentent de donner une explication à la souffrance dont il est victime[277].

Il convient d'écouter les victimes.

La justice pénale, et c'est là une de ses contradictions, ôte de la bouche des victimes toute parole singulière. Qu'importe le désir qu'elles ont d'être écoutées, voire de ne pas se venger, voire même de pardonner[278], le dernier mot reviendra au juge.

C'est prêter aux victimes de bien piètres sentiments que d'imaginer qu'elles ont toutes soif de vengeance. Être consolées, entendues, indemnisées, protégées, c'est ce qu'elles aimeraient dire avant tout.

La vengeance correspond à un désir naturel de restauration d'un moi blessé : « … avant tout un cri. Le je crie vengeance quand il sent le moi blessé, un cri qui est fait pour alerter, susciter l'attention de l'autre sujet, le mettre en

---

[277] Jb 13 5 Bible

[278] Diverses lois confèrent aux victimes un certain nombre de droits (Art 8 de la déclaration des droits de l'homme de 1948 ; Directive du 25 octobre 2012 du parlement européen ; loi d'orientation pour la justice du 9 9 2002 etc…)

alerte, en attitude d'écoute »[279]. Mais la victime vengeresse, sitôt qu'elle est entendue, ne cherche pas nécessairement à ce que celle-ci soit effective dans un acte de violence. Engendrer un cri et une colère est précisément ce qui évite que la blessure soit mise en acte.

Plus la victime est entendue, et avec elle l'agresseur qui, le plus souvent pour ne pas dire toujours, a d'abord été victime elle-même, et plus le couple psychiquement indissociable infracteur-victime, avancera vers un apaisement.

Dans un procès, ni la victime, ni l'infracteur n'est vraiment entendu. « Vivre dans un état de droit, c'est vivre dans une situation où l'État dispose du droit de disposer de soi… être un sujet de droit… c'est avant tout être un sujet jugeable, c'est-à-dire emprisonnable, arrêtable, condamnable »[280]. Ceux qui ont l'habitude des salles d'audience savent bien que les victimes et les prévenus se trouvent soumis aux juges, qui sont d'ailleurs sur des estrades, symbole on ne peut plus parlant de leur supériorité. La victime ne participe en aucun cas à la délibération des juges, et c'est en cela que, dès le début d'un procès, toute possibilité de conciliation entre victime et coupable est détruite. Imaginer que la victime n'ait rien à dire, ou très peu, même dans la punition, est déjà lui faire offense. À supposer que la vengeance ait vertu pacificatrice, ce serait la moindre des choses que de laisser aux victimes le choix de la peine. Mais « l'état pénal vole les individus de leurs conflits »[281] et exprime son mépris : la victime ne sera jamais juste, dit-il, elle sera trop empreinte de mansuétude ou, au contraire, trop vile. D'un procès ne sortent que des vaincus. Le prévenu devient coupable et la victime, muette.

---

[279] Bonnet G, la vengeance, Ed in-press 2015 p 148
[280] La Gasnerie G, l'état pénal face à la sociologie Fayard, 2016 p 60
[281] Id p 262

Redire que le coupable a été lui-même victime n'est en rien une explication satisfaisante pour la victime : quelques soient les modalités selon lesquelles une agression s'est peu à peu construite - car une violence aussi est une construction sociale- le traumatisme reste entier et la souffrance durable. Mais l'agresseur et la victime ont en partage une même réalité terrifiante : ils touchent du doigt l'indicible. C'est cette communauté paradoxale qui explique le fameux « syndrome de Stockholm », où les otages deviennent comme les complices de leurs propres bourreaux. Amour et haine sont les deux faces d'une même prière, d'un même appel, celui d'être écouté.

Renvoyer l'agresseur dans l'inhumain, le monstrueux, le rejeté, le mauvais, ne permettra jamais d'ouvrir la moindre piste vers un quelconque apaisement. Car la victime, dans sa souffrance, doit être entendue, et surtout par celui qui en est l'auteur. Ce dialogue, difficile, est celui-là même que l'on appelle, dans les pays qui se sont livrés à la guerre, le devoir de mémoire.

Le jugement pénal aurait un seul mérite, limiter le débordement du lynchage lors d'une montée aux extrêmes, que cet extrême soit le fait d'un groupe voire d'un pays entier ou de deux individus. Mais ce mérite théorique est un leurre. En effet, l'infracteur se trouvera vitre, sitôt puni, dans un état victimaire qu'il revendiquera : justice qu'il dira injuste, insécurité en prison, dommage collatéraux, et il se sentira sacrifié. De la même manière, la victime initiale, et surtout s'il s'agit de blessures psychologiques ou physiques, ne s'estimera jamais correctement indemnisée, et se créera une identité de victime sacrificielle. Dans tous les cas, la logique sacrificielle masquera son origine, celle d'admettre la violence. Se placer du côté des sacrificateurs est toujours le moyen, dans les histoires et les mythes pénaux, de dissimuler la violence réelle.

Lopez[282] fait remarquer, en suivant Balmary, qu'Œdipe, que Freud a placé dans le rôle exclusif de coupable, avait d'abord souffert des frasques de son père Laïos, qui avait séduit et violé Chrysippe, fille de roi Pélops chez qui il avait trouvé refuge.

Entre victime et agresseur, il y aura toujours des liens qu'il est, presque toujours, impossible de défaire. Ainsi, dans 40 % des viols, la victime et l'auteur avaient des relations personnelles anciennes[283], la plupart des atteintes sexuelles sur mineurs ont lieu dans le cercle familial ou un cercle éducatif étroit (concept de cible victimale). Peut-on dire que monsieur B, condamné pour le meurtre d'un de ses amis retrouvé dans le lit de son épouse, bien connue pour son infidélité, soit totalement coupable ? Qui, dans un règlement de compte dans un trafic de stupéfiants, est le plus condamnable ? Et, dans les rixes qui finissent mal, qui est vraiment responsable, puisque tous les protagonistes ont des alcoolémies qui dépassent allègrement les normes que l'on dirait usuelles ?

Au vrai, la victime se constitue parfois une identité de victime, non pas tant pour en tirer des avantages, mais parce que c'est le moyen d'hyperpolariser, via les associations, sa propre identité, jusqu'à remonter jusqu'au sommet des États. Dès lors, il n'est pas étonnant que, dès qu'un accident survient dans un lieu où l'État a la prétention d'être responsable, le ministre, toute affaire cessante, se précipite. Les plus hautes instances des États sont ainsi sollicitées -et priées- d'être consolatrices, réparatrices, protectrices, attributs qui étaient, jusqu'à un passé récent, attribués à la divinité.

On ne pourra donc pas affirmer qu'il y a la victime d'un côté et le coupable de l'autre. Sauf exception par définition rare, ce qui pose un problème, et on rejoindra ici Louk

[282] Lopez, G, La victimologie Dalloz 2014 p 84
[283] Id p 28

Hulsman, ce n'est pas tant un acte de violence ou une action illégale, c'est le désajustement entre deux personnes ou deux groupes d'individus mus par des logiques contraires. Que ce désajustement soit très prononcé ou sans grande conséquence ne change rien à ce qu'il est : la rupture d'une relation jusque-là équilibrée. Le seul objectif, dès lors est de chercher un nouvel ajustement.

Les modalités de ce réajustement passent, bien sûr, par le soin, l'indemnisation et l'accompagnement des victimes, mais sans orienter vers la vengeance. Celle-ci ne peut que rejaillir ailleurs, selon des modalités souvent inconscientes et qui empruntent des cheminements psychiques complexes. L'enfant battu qui, plus tard, exerce sa violence sur son propre enfant cherche à imiter son père, mais aussi à se venger, voire même à le venger. « Justice est faite », il faut qu'une victime soit exécutée.

La victime aussi peut croire en la violence, et elle y croit tellement que, bien souvent, ne pas punir serait vécu comme une nouvelle blessure. On constate cela quand le coupable se suicide et frustre ainsi la victime de son désir de punir.

Nonobstant, il faut redire que beaucoup de sentences pénales prononcées ne concernent pas des faits de violence[284], mais des actes jugés illégaux par un État, à une époque et dans un lieu donné. L'immense majorité des actes potentiellement punissables ne font l'objet d'aucune condamnation, les choses se réglant autrement par les protagonistes. Il faut redire que seule une infime partie des actes indésirables se retrouvent devant les juges, car la plupart des hommes vivent sans le savoir le précepte évangélique : « Mets-toi vite d'accord avec ton adversaire

[284] 14, 4 % des délits concernent des atteintes aux personnes (chiffres du ministère de la justice : http://www.justice.gouv.fr/include_htm/reforme_penale_chiffres_cles_plaquette.pdf Les crimes représentent moins de 1% des condamnations, sur les 600 000 prononcées en 2012.)

pendant que tu es en chemin avec lui, pour éviter que ton adversaire ne te livre au juge, le juge au garde, et qu'on ne te jette en prison. »[285] Dès lors, le monde de la victime apparait comme il est : intrinsèquement lié à celui de l'infracteur. Il suffit d'un rien pour que la victime devienne coupable. Le point de séparation n'est pas entre la victime et l'infracteur, mais entre ce qui, en soi, est violent et ce qui ne l'est pas.

Je rentre d'une visite au domicile d'une patiente, pour son nourrisson. Le père, très attentionné et plein de patience pour l'enfant, me dit être ancien meurtrier, avoir passé pas mal de temps en prison et dans des situations qu'il qualifiera de glauques. Coupable sans aucun doute. Et pourtant, nulle inquiétude ni pour la mère ni pour l'enfant. Un jour, il a commis des atrocités, un autre jour, il se lève la nuit pour sa fille et se montre plein de douceur. Qui séparera les bonnes herbes des mauvaises ? Surement pas le juge, fût-il l'intéressé lui-même. Surement pas une divinité, tels la Loi, le Code pénal ou le jugement d'un clerc. Pas même un dieu dont personne ne peut rien dire, puisqu'au-delà de tout créé. Seules les attitudes qui favorisent la reprise ou l'ouverture d'une parole peut amener à concilier l'inconciliable, à réajuster le désajusté, à réparer ce qui est cassé ou adoucir ce qui est rugueux.

---

[285] Mt 5 25

16- Pistes

Des hôtelleries au Moyen Âge[286] qui, pour une part, ont accueilli ceux qui, de nos jours, erreraient en prison, aux initiatives très diverses actuelles telles, entre autres, celles de Bernard Ollivier[287], Guy Gilbert[288], ou Michel Jaouen[289], l'histoire est riche des organisations et associations cherchant à sortir du paradigme punitif.

La liste exhaustive est sans intérêt ici, et le lecteur pourra, s'il le veut, regarder du côté des prophètes de la non-violence.

La sortie du paradigme punitif se vit aujourd'hui, au quotidien, dans des lieux sociaux bien connus : les écoles maternelles, les institutions pour personnes handicapées, les maisons de retraites, les hôpitaux. Sans être totalement exemptes de contradictions, ces réalités sociales ont en commun le fait de regarder en face la violence et les entorses aux lois, sans répondre par des moyens coercitifs, ou le moins possible.

---

[286] « L'elemosynarius était chargé, comme son nom l'indique, de distribuer les aumônes aux pauvres, aux mendiants, aux pèlerins, aux veuves, aux orphelins, aux clercs démunis, aux voyageurs, aux lépreux… » Batselier, P, dir Saint Benoit, patron de l'Occident Zodiaque 1980 p 422

[287] https://assoseuil.org/

[288] Le « prêtre des loubards », qui a fait parler de lui dans les années 1975 et encore maintenant. Il a fondé une ferme dans le Sud de la France où sont accueillis des délinquants

[289] http://www.belespoir.com/association/

Il ne s'agit pas de lieux marginaux puisque des millions de personnes y vivent. On oserait même dire qu'ils sont les parangons des modalités de relations pour toute la société.

Ainsi Monsieur P, 80 ans environ, dans les années 2015. Sympathique et nullement atteint de trouble cognitif, ce résident arrive à la maison de retraite et, un beau jour, est surpris en train d'agresser sexuellement une autre résidente, très handicapée psychique de surcroit. En dehors du cadre institutionnel, le fait fut qualifié de tentative de viol ou, du moins, d'attouchement grave et l'individu s'en serait sorti avec quelques années de prison ferme.

Bien que l'accident ait été signalé au procureur, et que les gendarmes soient venus faire leur rapport, la personne accueillie dans l'établissement n'a pas été condamnée. Après discussions, il fut simplement convenu que sa chambre serait désormais située à l'opposé de celle de la résidente victime. Depuis cet accident, il n'y a eu aucune récidive, aucun incident rapporté.

Été 2014. Un patient schizophrène menace de mort son psychiatre et sa famille. Aucune plainte ni aucune mesure coercitive si ce n'est l'adaptation d'un traitement neuroleptique et le changement de praticien.

Une école de la haute Vienne, dans une classe pour enfant en difficulté. Un jeune élève agresse son institutrice, lui donne des coups de pieds en la traitant de tous les noms. Aucune punition n'est ordonnée, mais l'équipe éducative se réunit, cherche une solution acceptable par tous.

Un jeune garçon avec son frère ou sa sœur, n'importe où et n'importe quand, joue au docteur ou au papa et à la maman. Il découvre les propriétés du membre que Rabelais appelait « compère guilleri », pendant que sa maman lui chante la comptine éponyme et qu'il découvre, bien plus tard, que les adultes du 16e siècle avaient tout loisir pour jouer avec. Pas de sanction, pas de punition le plus souvent, car personne n'en sait rien.

Un soir d'hiver, vers vingt-trois heures, au fond d'une campagne perdue. Une femme m'appelle, paniquée, parce que son mari, alcoolisé, la poursuit avec un fusil de chasse. Un enfant de cinq ans est terré quelque part, terrorisé. J'arrive sur les lieux et la femme me demande « de le calmer ». Connaissant un peu ce patient, à la carrure d'un pilier du quinze de France, et connu pour être très adroit à la chasse, je dissimule difficilement une certaine crainte. Les gendarmes appelés n'osent intervenir, de peur qu'il ne passe à l'acte. Les pompiers ayant été demandés en renfort, l'un d'eux, ami de l'individu, le persuadera d'aller faire un séjour à l'hôpital du coin. Nulle violence de la part des soignants ou des services sociaux, malgré la menace réelle, nulle condamnation pour « menace de mort » ou agression sur personnes dépositaires de l'autorité publique. Un banal transfert sur une structure de soin. J'ai appris bien plus tard que l'épisode ne s'était jamais renouvelé.

Un jeune de 10 ou 11 ans, dans une cage d'escalier d'un immeuble parisien cossu, est victime d'attouchement sexuel de la part d'un pédophile, à deux ou trois reprises. Il en parle à sa mère qui lui conseille de ne pas monter dans l'appartement par le même escalier et, « parce qu'il doit être un peu dérangé », de ne pas lui adresser la parole et de fuir à son approche. Une cinquantaine d'années après, l'enfant devenu grand-père déclare n'en garder aucune séquelle ni aucun traumatisme.

Mme B a l'habitude de boire son canon de rouge du midi, et quelques « apéros » dans la soirée. Elle est enceinte et, très vite après la naissance, on découvre que le nourrisson est atteint d'alcoolisme fœtal. Les séquelles sont graves, l'enfant ne se développera pas normalement ; il effectuera sa scolarité dans un IME puis, dans le meilleur des cas, travaillera en ESAT plus tard. Bon nombre de soignants et d'éducateurs se relaieront pour, in fine, espérer que celui qui est victime de propre mère ne s'en sorte pas trop mal. La société ne comptera pas les dépenses.

Quelque temps après, la mère est contrôlée positive à l'alcool au volant à diverses reprises ; elle finira condamnée à trois mois de prison ferme. Aucune punition durant la période obstétricale, alors qu'une victime existe, sanction sévère après, alors que personne n'est lésé.

On pourrait multiplier les faits divers et les anecdotes. Dans tous les cas, il y a une situation qui peut poser un problème, et problème éventuellement grave. Mais, pour des raisons très diverses, qui tiennent à des contextes familiaux, éducatifs ou sociaux, l'idée de punir n'émerge pas. Dans bien des cas, le paradigme punitif semble inopérant, inutile voire même, souvent, néfaste. Un agresseur ne l'est que dans un contexte particulier et, en dehors de ce cadre, le risque d'un passage à l'acte diminue considérablement.

Une des intuitions de Louk Hulsmann, et de la justice restaurative pour une part, est de rompre avec l'idée néo-lombrosienne qu'il existe des individus génétiquement criminels. N'importe qui, dans un contexte et des conditions idoines, peut commettre n'importe quel acte. Une société, si elle veut se protéger, et elle le doit, de toutes actions nuisibles, ne peut que lutter contre les facteurs de risque. Ce serait la prévention primaire des actes indésirables, pour reprendre un concept médical. Il convient, quand un problème est survenu, autrement dit quand on rentre dans le cadre de la prévention secondaire, et tout en continuant à agir sur les facteurs de risque, de limiter l'expansion des troubles et de prévenir la récidive.

Une infraction n'est jamais un problème entre un individu et un autre, ou entre un individu et une loi. Il existe toujours un enchaînement de désajustements, de dysfonctionnements, de contextes sociaux, de troubles psychologiques qui aboutissent à des agissements indésirables par un groupe social.

Ainsi le gang de voleurs de matériel agricole.

Des ressortissants des pays de l'Est mettent en place un réseau de vol de tracteurs à grande échelle. Les machines agricoles -il parait que cela se vole plus facilement que des voitures…- sont, nuitamment, chargées sur des semi-remorques et, avant que les propriétaires s'en aperçoivent et donnent l'alerte, sont revendues à l'autre bout de l'Europe. À force de patience et de recherches obstinées, les gendarmes mettent la main sur une dizaine d'individus. C'est au moment de juger que les choses se compliquent. La plupart ne parlent pas français et, quand bien même y aurait-il des interprètes, il apparait vite qu'il est très difficile de savoir quel est le cerveau de l'affaire et qui sont les sous-fifres. De plus, et parce qu'il existe des ramifications dans leurs pays et qu'ils craignent des représailles, les prévenus s'acharnent, par peur, à brouiller les pistes. Enfin, certains sont poussés au vol par des nécessités quasi alimentaires, d'autres par convoitise excessive, d'autres par peur. Comment juger ? L'un des prévenus fait une sorte de bouffée délirante…

La nécessité de protéger la population des vols effectivement insupportables ne peut passer par une mise à l'écart finalement arbitraire d'individus qui deviennent des boucs émissaires. Les différences scandaleuses de train de vie des groupes sociaux les uns par rapport aux autres sont une des causes importantes des vols. Avant de punir, sans doute faudrait-il s'interroger sur les raisons qui font que les pauvres viennent voler les plus riches même si, bien souvent, les pauvres se volent entre eux. Pourquoi M. X, arrivé il y a quelques jours à la maison d'arrêt, pour le vol de cinq cents euros, a pris trois mois fermes, et pas moi qui a peut-être, en comptant volontairement quelques kilomètres de trop sur les feuilles de soins lors des visites à domicile, ou facturé quelques consultations fictives à la maison de retraite, volé d'autant la sécurité sociale ?

Toute justice non rétributive rompt avec l'idée que le coupable doit souffrir. « On dit que nous ne faisons pas souffrir le coupable pour le faire souffrir, il n'en est pas moins vrai que nous trouvons juste qu'il souffre »[290]. C'est cette justice que conteste Christian Nils Robert, Louk Hulsmann ou même, dans une certaine mesure et comme en filigrane, Beccaria.

Dans le monde de la petite enfance, et après des siècles de violences éducatives, il apparait que toute coercition, dont la « fessée » est un symbole, doit être proscrite, dans une perspective où l'enfant est considéré, pourrait-on dire, comme neutre sur le plan moral. Il n'est d'ailleurs pas exclu d'imaginer que, si les pays traditionnellement en guerre depuis des siècles, l'Allemagne, l'Espagne, l'Italie et le Royaume-Uni, apparaissent désormais en paix et entretiennent entre eux de bonnes relations, c'est parce que la jeunesse, enfin libérée du culte de l'obéissance à tout crin imposée par la force et l'humiliation dès la plus jeune enfance, ne voit plus l'ombre d'une raison de se battre contre ceux qui sont enfin devenus des frères. Comment concevoir que tant de générations aient, sans vraiment sourciller, accepté que soient livrés leurs enfants, tel Kronos dévorant sa progéniture, à une mort certaine sur les innombrables champs de bataille que l'on appelait champ d'honneur et qu'il convient de nommer champ d'horreur ? Cet honneur - justice soit faite- consiste à ériger la violence en règle suprême. Que ce soit au niveau de la famille ou entre un groupe restreint d'individus (et on sait combien le duel fut répandu), qu'au niveau des nations entières, une violence légitimée ne peut se maintenir en place que si le plus grand nombre d'individus croient en sa nécessité.

---

[290] Durkheim, cité par Jollivet, Fl, De la punition à la réconciliation, l'Harmattan, 2018 p 21

Parmi les pistes qui cherchent à sortir du paradigme punitif fait figure de référence la justice restaurative. Howard Zehr[291], s'inspirant des coutumes Maorées, Inuits ou aborigènes, cherche, non pas tant à punir les auteurs d'infraction, qu'à réinstaurer un climat social acceptable. Il est indispensable, pour qu'une société puisse rester en paix, que chacun puisse être inscrit, ou réinscrit, dans l'humanité de l'autre. Un des concepts de base est que l'infracteur appartient à la même communauté que la victime.

Zehr ne fait pas de la justice restaurative le moyen idéal pour régler toutes les situations problématiques, mais une sorte de boussole qui permet d'envisager autre chose qu'une punition. Robert Cario, un des principaux vulgarisateurs de la justice restaurative en France, insiste sur la nécessaire prise en compte de l'avenir de l'infracteur. Le pénal, en effet, reste fixé sur la faute commise, et interdit de ce fait toute projection vers la sortie de peine. Le but ultime de la justice restaurative est une réconciliation. Les moyens utilisés, et complémentaires de la justice pénale à laquelle la justice restaurative ne s'oppose pas, consiste à favoriser les rencontres entre détenus et victimes, à mettre en place des médiations, des « cercles restauratifs judiciaire », qui sont des modalités collégiales de prises de décisions, où la victime s'exprime sur les conséquences à tirer de l'infraction, des « cercles de soutien et de responsabilité », après le retour à la liberté, et d'autres mesures où des bénévoles participent à la réorganisation de la communauté lésée après l'infraction.

La justice restaurative est inscrite dans la loi du 15 aout 2014.

Nonobstant, la justice restaurative, comme les processus d'humanisation des prisons, semble rester au milieu du gué. Elle ne remet pas directement le paradigme punitif, ou très timidement. Certes, Zehr oppose justice pénale et justice

[291] Zehr H La justice restaurative Labor et Fides 2012

restaurative [292], et fonde sa justice sur la nécessité d'un retour à l'équilibre, en contestant à l'État le rôle de victime, mais il ne propose pas d'abolir le Code pénal.

Ce faisant, il oriente le réajustement nécessaire vers une sanction plus qu'une punition, et s'éloigne de la violence légitimée.

La médiation pénale, autre piste méconnue, cherche elle aussi à sortir du paradigme punitif.

La « médiation » désigne « un processus coopératif de prévention et de gestion des conflits, de résolution à l'amiable des différends par les personnes elles-mêmes grâce au dialogue facilité par un tiers neutre, impartial et indépendant : le médiateur[293] ».

Elle se distingue de la justice restaurative sur le plan conceptuel. Là où la justice restaurative entend promouvoir un certain idéal que l'on va dire humaniste, la médiation pénale repose sur un modèle systémique, voire thermodynamique. Il s'agit d'interagir dans la dialectique de l'ordre et du désordre. Faget[294] voit quatre axes de développement possibles. L'axe autonome-communautaire, qui exclut toute intervention autre que celle du groupe. L'axe autonome-professionnel, où les médiateurs sont juristes ou psychanalystes, mais l'Etat reste en dehors du processus de médiation. L'axe légal-communautaire, où le parquet saisit les médiateurs, et l'axe légal-professionnel, où la médiation reste au stade de sous-traitant du parquet. Dans la médiation, il est recherché une voie autre que la logique binaire, et accepter toutes les nuances de la relation, dans ses méandres et ses complexités. Dans la médiation, le tiers médiateur

[292] Zehr op cité p 45

[293] Définition extraite du *Code national de déontologie du médiateu*r, 2009

[294] Faget, Jacques, La médiation pénale : une dialectique de l'ordre et du désordre, Déviance et société 1003 -vol 17- N° 3 pp 221-233

n'impose rien, mais cherche une maïeutique bénéfique pour les protagonistes.

Il n'est pas de notre propos de développer les questions éthiques, sociales, éducatives ou politiques que posent la médiation pénale. Comme pour la justice restaurative, il s'agit de relever une possibilité de réajustement qui sorte de la justice rétributive. Un des concepts qui émerge, tant du point de vue de la médiation que de la justice restaurative, c'est l'idée de sanction, en lieu et place de la punition. « C'est davantage sur le plan symbolique qu'il faut situer l'efficacité de la médiation pénale. Elle n'est pas seulement une médiation entre deux sujets (niveau instrumental), mais une médiation entre les sujets et la loi. Elle n'a pas pour but d'appliquer la loi… mais de l'utiliser comme repère immanent facilitant l'ajustement des points de vue »[295].

Par ailleurs, la médiation déborde largement le cadre de la justice pour aller proposer ses services dans les entreprises, les administrations, les associations. Nous ne développerons pas ici ces développements, souvent très féconds en termes de facilitations des relations sociales, de pédagogie, de dynamique des organisations. Il existe aussi un grand nombre d'associations et d'organismes dont le but est non seulement la désormais classique réinsertion, mais aussi la reconstruction des liens sociaux. Des travaux d'intérêt général, qui restent dans le champ pénal, à la gestion non violente des conflits existe toute une palette d'initiatives et de structures qui témoignent de l'hésitation des sociétés à punir plutôt que sanctionner.

Disons d'emblée que la sanction peut s'opposer point par point à la punition. On parlera donc de sanction comme un chirurgien parle d'une opération. Il ne s'agit en aucun cas de faire un mal pour un bien, mais, au plus, de choisir le moindre mal quand il n'y a pas d'autre choix, et le plus souvent, de permettre la transformation d'un acte jugé

[295] Faget op cité p 231

indésirable en un acte socialement utile. La sanction ne vise pas à faire intégrer pacifiquement à un individu une loi, supposée bonne, mais à proposer une action dont tout le monde se trouvera bénéficiaire. Quand un malade consulte un chirurgien pour une affection quelconque, il exprime un déséquilibre douloureux, voire potentiellement grave ou même mortel. Le praticien propose, en moindre mal, une intervention, « sanction chirurgicale », que le malade accepte d'autant plus qu'il a conscience que l'affection qu'il présente peut avoir de funestes conséquences. Le chirurgien n'a aucune intention punitive, et limite autant qu'il le peut les « dommages collatéraux » que sont les éventuelles douleurs ou séquelles. Quand bien même l'affection correspondrait plus ou moins à un comportement à risque, tel le tabagisme ou l'alcoolisme, le médecin restera dans la même philosophie. Rappelons que certaines orientations de vie, tel l'homosexualité, ont été, et sont encore parfois, considérées comme des pathologies, à sanctionner comme telles, voire comme actes répréhensibles et punis, parfois sévèrement. On peut donc, face à la même réalité, aller de la punition à l'accueil, en passant par le progrès que constitue la sanction.

Une réparation peut être une sanction, comme un dédommagement ou une compensation. Dans le domaine de la pédagogie, on insiste sur la sanction et non sur la punition, mais la confusion reste possible, tant le paradigme punitif reste prégnant, même dans le monde de l'enfance. En gériatrie, une personne âgée qui a abandonné mémoire et raison et qui exprime des gestes violents se verra, parfois, sanctionnée par une thérapeutique médicamenteuse. Nul objectif coercitif. Seulement un ajustement entre les nécessités d'une vie communautaire et les aléas d'une nature peu domptable.

Les humanistes voient dans la prison non le châtiment, mais la sanction et il est vrai que, parfois, certains détenus la ressentent comme telle. Mais c'est se tromper sur le sens obvie. La prison est d'abord faite pour infliger un tourment, et non tirer un hypothétique bienfait de ce qui reste une cruauté légitimée.

La justice restaurative est une piste pour passer de la punition à la sanction : « Nous avons la conviction qu'un système de justice criminelle est possible, en d'autres termes, qu'il est possible de sanctionner sans punir, sans faire souffrir, mais en donnant des opportunités de réparation, de réhabilitation et de réinsertion. C'est le projet qui avait été celui du Travail d'intérêt général, il y a trente ans, c'est celui aujourd'hui, d'une justice restaurative complémentaire de la justice pénale ». Le « complémentaire » de la justice pénale pourrait, si l'on s'éloigne du paradigme punitif, devenir une composante essentielle de la justice.

L'ambiguïté des peines est manifeste dès lors que le but est clairement défini. Si on punit, alors on se doit de refouler toute compassion, toute sympathie, et ne s'interdire aucune cruauté. Si on veut protéger, soigner, réparer, réajuster, alors toute confrontation violente doit être proscrite. Le monde de la petite enfance, autant que celui du handicap au celui de la gériatrie montre la voie. Si, à ces âges de la vie ou face aux blessures manifestes, les sociétés, petit à petit, renoncent à la violence, la même démarche peut être envisageable à toute époque de la vie.

Mais la peur reste souvent, en matière de relations entre adultes, la première conseillère.

M.Z arrive à la maison d'arrêt.

À la visite médicale d'entrée, il saute aux yeux que ce détenu présente un handicap sévère. On dit qu'il s'est livré à des attouchements sur mineure. L'expert psychiatre a rendu son rapport, qui conclut à une responsabilité ou, au moins, que M. Z. est accessible à une sanction pénale.

En l'examinant et en évaluant les capacités cognitives, on s'aperçoit vite qu'il a un développement psychomoteur et affectif d'un enfant d'environ 4 ans. Il parle de façon parfois quasi inintelligible ; il est, bien sûr, totalement analphabète et, sans surprise, on apprend qu'il a passé toute son enfance en IME, puis a travaillé en ESAT ; commençant à avancer en âge, il a presque sa place en maison de retraite.

Le juge, aidé du psychiatre, dont on n'a aucune raison de douter de leur intégrité professionnelle, a réagi comme la société lui demande de réagir : par peur. En effet, sachant que le risque de récidive est réel, et cherchant à protéger un éventuel enfant, il ne sait que punir. Pourtant, la sanction serait simple : un établissement pour personnes avec handicap, où les risques sont connus et appréhendés sans violence, ferait parfaitement l'affaire. Voilà M. Z pour de longs mois en prison, qui le privera de l'affection de ses proches et l'enfoncera un peu plus profondément dans une misère dans laquelle son handicap l'avait déjà largement plongé. Mais il est vrai que « certaines condamnations ont pour seule fonction la réparation des victimes »[296].

---

[296] Id p 46

Conclusion

« La prison est notre honte collective »[297]

Dans l'anatomie humaine, le nerf pudendal (ou honteux, selon l'ancienne nomenclature, mais le sens est le même) innerve les régions génitales. Celles-ci sont, selon le regard, honteuses, ou sacrées, puisque ces régions sont situées devant l'os si merveilleusement appelé sacrum par les anciens.

Comment regarder sans honte au visage ce qui est aussi notre faiblesse à nous autres humains, le sexe. « C'est cette partie si folle et si risible qu'on ne peut même pas la nommer sans rire (ou sans pleurer ajouterais-je), qui est la propagatrice du genre humain »[298].

Punir et emprisonner, c'est se voiler la face devant la réalité : « tu es mortel ». Et cette mort peut arriver ici même par ce que tu hais en toi-même, ta violence, ta perversité, ta cruauté. Oser regarder en face ce qui, en nous, nous détruit et nous révulse, c'est paradoxalement accueillir la vie. Parce qu'il n'y a qu'en nous même qu'il est possible de tuer les racines de la violence. Nul pouvoir sur autrui, qui échappe à toute emprise, qui s'évade des théories et des prisons.

Tu n'as qu'une certitude, c'est que tu mourras disait Lanza Del Vasto, mais comment savoir d'où vient la vie, si l'on n'accepte pas la mort.

[297] Laieb Naima, Martin, JP VST Revue du champ social et de la santé mentale, Erès N° 124 2014

[298] Erasme, Œuvres choisies, livre de poche 1991 p 119

La punition et la prison de béton et de fer qui en est le symbole, en cherchant à garder pour soi-même la vie, la perd, en imaginant qu'enfouir sous les strates du psychisme autant que derrière les barreaux la meute de chiens sauvages qui grondent dans les cales sombres de nos êtres permettra de tuer définitivement ce dont on a peur. Mais ce n'est que dans la lumière que ces peurs seront anéanties. Seule la parole est à même de révéler, sans violence, ce que l'on aimerait vouloir rester caché depuis toujours.

Le puni, humilié, cherche à sauver sa peau, son « moi peau », selon l'expression d'Anzieu. Il le fait en laissant, littéralement, ses vêtements et ses protections, révélant sa honte. Il n'y a pas si longtemps que l'on donnait des fessées « déculottées »... Dans cette honte, la peau, à nu, se laisse voir comme une blessure, une fragilité insupportable, qui appelle désespérément à une protection, celle de la violence.

Mais la violence de la punition, loin d'apaiser, écorche la peau désormais livrée à toute morsure. Les détenus le savent bien, eux dont les corps expriment, par les tatouages, les cicatrices, les scarifications, toute l'agressivité de la nature brute, animale, simplement et tragiquement physique et biologique.

Comment dès lors aller du moi-peau au moi-paix ?

Au chapitre 4 de Totalité et infini, Lévinas montre comment la caresse dépasse le contact physique que l'on dira brut, voire brutal. Effleurer, caresser, c'est porter la peau comme fleur. À fleur de peau. Peau comme lieu de passage d'une brise légère où se révèle autrui comme don. « L'autre, en la volupté, est moi et séparé de moi » dira le philosophe.

Dans la caresse, et contrairement au contact violent des poings fermés et du froid des armes, l'autre peut s'ouvrir, comme une fleur.

Sans surprise, la femme est le symbole de cette caresse, raison pour laquelle elle est si étrangement et tragiquement absente en prison. « Pas une jeune fille où reposer la tête »[299]. Le surveillant est unisexe. Mais aucune femme n'est vraiment surveillante, sauf à nier ce qui, en elle, est bienveillance.

Le carcéral est le modèle d'une société sans caresse, autrement dit « sans contact ». Nous nous réjouissons de ce que nos cartes bleues puissent être débitées sans contact, nous pensons nous préserver des maladies sexuellement transmises par le « sans contact » que représente le préservatif, nous mettons des gants à chaque instant de peur de contacter des maladies en touchant autrui, les prisons, selon un modèle nord-américain, sont organisées de telle sorte qu'il n'y ait pas de contact humain, la médecine elle-même devient une affaire de technique vidéo transposée, bref, paniqués devant le corps et ses contorsions, nous pensons réaliser « le rêve d'une humanité affranchie de la pesanteur des corps et des risques du contact »[300]. Mais la vie ne procède que du contact intime. Le refus de la caresse est donc le refus du risque, qu'est la vie elle-même. La punition devient le refus de la caresse, et l'avènement d'un monde froid comme la mort.

Il existe une expression grecque qui lie caresse et parole : « συναιρω λογον, » prendre ensemble, lever ensemble la parole, comme une sorte d'offrande, et « toucher du doigt », en français, signifie quelque part qu'une parole, une théorie, peut s'appréhender comme avec tendresse. Rien de tout cela dans le paradigme punitif, où la parole doit être limitée aux seules nécessités mécaniques de la biologie.

Telle en particulier la paternité, niée dans l'univers carcéral et dans la punition en général -castration symbolique- qui permet de transformer la force en caresse. Même le tueur peut prendre avec tendresse son enfant dans ses bras.

---

[299] Patrice de la tour du pin. La quête de joie Gallimard 1993 p 214
[300] Goujon, P, revue Etudes novembre 2018 p 81

Il n'y a pas de paix dans la punition, au plus un armistice. Mais aller au port du désir suppose que les ombres du fond de cale ne soient pas seulement muettes, mais détruites.

Cette destruction suppose un au-delà de la colère et de la vengeance, expressions naturelles de l'humain. Cet au-delà n'est pas au-delà des mers ou d'un ciel dont Nietzche a montré la vacuité. De l'autre côté de moi… Au plus intime à soi-même que soi même…

Ce retour en soi même, que les -optimistes- partisans de l'humanisation des prisons espèrent ne peut être imposé. Il ne peut que se donner.

Le jour où les gens iront en prison d'eux-mêmes, nous serons dans la bonne voie, mais la prison n'en sera plus, juste un havre de paix. Paradoxalement, les pauvres et les petits montrent la voie. En révélant l'aporie du système pénal. Le prétendu « sens de la peine » perd totalement sa cohérence quand le détenu réalise qu'il ne doit sa peine qu'à sa pauvreté, sa misère et son indigence.

La colère et la vengeance sont des réactions compréhensibles, en ce sens qu'elles suivent une logique instinctive. « Il faut payer sa dette », « c'est normal qu'il soit puni », « on ne peut pas laisser faire ». Dans des moments d'émotion, voire de commotion, il parait insensé de ne pas réagir de façon violente. « Ce misérable, qu'il meure misérablement ». Mais la logique non violente va à l'encontre de ce mouvement naturel : choisir l'humain et n'en jamais désespérer. « L'efficacité de la non-violence, c'est de prendre au sérieux la violence »[301]. Cela suppose un retournement qui fait revenir aux éléments naturels, tels les tsunamis, les débordements tragiques de l'humain. Nonobstant, il faut redire que la punition ne concerne pas, et de loin, les seuls phénomènes violents. Celui qui fait peur, quand bien même serait-il doux, sera puni.

---

[301] Boyer, F Journal la croix 13 12 2018

Ainsi monsieur X. hier. Condamné à quelques mois fermes pour un petit trafic de stupéfiants, parce que, dit-il, il n'arrive pas à finir les mois et que sa banque le menace. Il grappille péniblement quelques euros de plus qui lui permettent de payer ses factures. Il annonce que, blessé par la sévérité du juge, il va peut-être retourner la violence sur lui-même et se pendre… Il n'a jamais levé la main sur qui que ce soit et travaille dur pour nourrir sa famille.

Actuellement, on voit s'étendre, non sans angoisse, le paradigme punitif sur des personnes qui n'ont pour seul chef d'accusation que celui d'être dans une catégorie statistique à risque. La punition préventive. Le totalitarisme sécuritaire fini par étendre ses sombres menaces sur celui qui n'a que le tort d'être né au mauvais endroit et au mauvais moment.

On sait pourtant que la criminalité se fabrique de toute pièce, qu'il suffit de faire mijoter un garçon né de famille éclatée et alcoolique dans une cité, dans le bouillon indigeste de la violence, du chômage, des placements en foyer, de l'échec scolaire et de l'exclusion pour obtenir, vers les quinze ans, un parfait délinquant. Pour peu que ce jeune côtoie, en prison, un fanatique islamiste, on a toute chance, 10 ans après, d'obtenir, servi à point, un terroriste dont on fera mine de s'étonner de l'extrême violence. Comme si on ne savait pas que celui qui se sert du fusil périra par le fusil, et qui sème la violence récoltera le terrorisme…

Regarder en face la violence, c'est regarder ce qui, en nous même, est capable du pire. Le père qui donne une fessée à son fils, autant que le juge qui envoie en prison un individu, ne regarde pas en face sa violence, mais de biais celle qu'il voudrait cacher. Il faut avoir le courage d'avoir peur, le courage de regarder celui que l'on violente.

L'idéologie sécuritaire -et son mensonge- voudrait que tous adhèrent au paradigme punitif, persuadés que surveiller le moindre fait et geste de tous permettra d'accéder à la société paisible à laquelle on aspire. Mais il suffit de voir comment, dans le milieu carcéral hyper sécurisé, la violence se multiplie, pour comprendre que l'hypersurveillance est un mythe dangereux.

Étant parti de la Genèse, voici le moment d'y revenir, en païen, c'est-à-dire en paysan, en rural.

Cette histoire de péché originel, de paradis, de punition dont une partie de l'humanité est marquée pourrait faire passer la parole créatrice du côté des contempteurs de l'homme. Ce serait la tentation par excellence : la vie donnée n'est pas un cadeau, mais la rame offerte au galérien que nous sommes sur cette planète. On pourrait se poser la question de savoir si la première tentation était de faire de l'histoire d'Adam et Ève une histoire de désobéissance, pour nous culpabiliser. Et il est peu de dire à quel point l'humanité aura été culpabilisée.

Mais, dans le texte ancien, il n'est pas question de faute, de péché ou de mal. Ces termes ne seront écrits, au chapitre suivant, que lorsque Cain tue son frère Abel. Le texte parle de paradis, Eden. Désir. Que peut bien être cet « Eden » dont nous rêvons et dont une parole, appelons la Dieu, nous chasse ?

La lecture du texte de la Genèse[302] reste bien énigmatique. D'un côté, nous avons une sorte de tradition bien ancrée : le paradis désirable - et j'admets le pléonasme- est largement présenté comme le lieu magique où n'existe aucune difficulté, aucun mal, aucune souffrance. Lieu où tous rêvent de retourner, malheureux d'en être chassé. Et l'on pense aux mystiques de toutes confessions, tel Silouane il y a environ un siècle, pleurant le paradis perdu :

« Ainsi se lamentait Adam, et les larmes lui coulaient de son visage sur la poitrine jusqu'à terre, et tout le désert résonnait de ses gémissements. Les animaux et les oiseaux se turent de douleur, mais Adam pleurait, car, à cause de son

---

[302] Chapitre 2

péché, tous avaient perdu la paix et l'amour. Grande était la détresse d'Adam lorsqu'il fut chassé du paradis »[303].

D'un autre côté, la plupart des morales passent leur temps à décrier la recherche de plaisir, de volupté, et en font même le mal suprême. La satisfaction de ses instincts semble bien être la pire des choses ! Pourtant, dans ce paradis, il n'y a que désir comblé, dit-on.

Bien des traditions s'en sortent par une pirouette : le paradis, c'est pour après la mort et, là seulement, nous serons au port même du désir. Mais il y a là incohérence : pourquoi après la mort obtiendrait-on ce qui est maudit durant la vie ? La volupté. Comment se préparer aujourd'hui à l'au-delà, en fuyant dès ici-bas ce qui, croit-on, sera demain le quotidien. Si la satisfaction des plaisirs est honnie maintenant, pourquoi ce même plaisir ne le serait-il pas plus tard ? Et comment vivre dans l'attente sans ajuster sa vie à ce qui, précisément, sera la récompense ? Par ailleurs, on ne comprend pas pourquoi l'homme n'aurait pas droit à connaitre le bien et le mal, pour aller vers son désir.

Bref ! Cet Eden semble bien difficile à définir. Pire, si l'on peut dire, il n'est nullement écrit qu'une parole chasse Adam et Ève du paradis parce qu'ils ont « mal » fait, tels des enfants désobéissants et punis, mais qu'elle les envoie en mission pour être créateurs à leur tour… et c'est ce qui se passe, puisqu'Adam rencontre sa femme et conçoivent un enfant, première création libre. Il faut absolument lire de très près les versets 23 et 24 du chapitre 3 : la sortie de l'Eden est à la fois un envoi et à la fois une expulsion, mais pas un châtiment. Deux verbes très différents dans le texte hébreu. La naissance serait-elle comme une sortie du paradis, une expulsion ?

Adam et Ève font l'expérience heureuse de la liberté et prennent conscience, non sans crainte, qu'il y a là un danger. Comme Pierre et Marie Curie ont pu craindre devant la

---

303 Sophrony, Staretz Silouane Ed Présence 1973 p 405

violence potentielle qu'ils ont découvert dans l'atome. Cette découverte est indispensable et heureuse et on n'imagine pas qu'il en fut autrement. Certes, l'homme prend de lui-même ce qui est destiné à être donné et reçu, mais il n'y a là rien de bien catastrophique : ce ne sont que les conséquences potentielles qui le sont. Plus loin dans le texte, le dieu protège l'homme qui découvre sa vulnérabilité (la tunique de peau, le « moi peau ») et poste une « épée flamboyante, pour garder les abords de l'arbre de vie ». Il s'agit, bien sûr, de la protection contre la mort qui est l'acte d'amour le plus pur du dieu : l'homme ne pourra plus condamner son prochain à la mort. Il pourra le tuer physiquement, et ne s'en privera malheureusement pas, mais ne pourra rien contre l'autre en tant qu'Autre. Nul « interdit » derrière cette protection, car l'homme est vivant, fondamentalement vivant, envers et contre tout, et la vie ne peut se détruire elle-même, ne porte en elle aucun germe de mort. La « vie à jamais » dont il est question au verset 22 est peut-être même la pérennité de l'esprit fait corps dont parlera -version laïque- Hegel. L'idéologie dont il importe de se méfier comme de la peste, c'est la vie sans la réalité, l'idée pure. Or la vie, c'est l'amour, qui n'est pas une idée, visible et s'exprimant dans la réalité.

Il existe un rêve concret dans la plupart des sociétés : créer un lieu où tout est prévu à l'avance, un peu à l'image des abeilles dans une ruche, ou tout désir est, d'une certaine manière, comblé, ou chacun jouit de la vie sans se poser de question et sans être créateur, un lieu où toute rencontre sexuelle, bien sûr, n'est pas concevable. Un lieu de condamnation à vivre. Ce lieu n'est rien d'autre que la prison. Le « paradis » dont le créateur chasse l'homme a toutes les caractéristiques de la prison. On y va et vient, dans les limites du « jardin », sans se soucier de la nourriture, tels les oiseaux du ciel. Si l'on ne s'y rebelle pas, on y coule des jours sans histoire, sans violence, car sans rencontre. Sans avoir faim ou soif, sans fatigue. Rien de bien excitant dans cet Eden. Ce « paradis », heureusement que la parole nous en chasse !

Et il est symbolique autant que symptomatique que les sociétés, pressentant sans trop le savoir que le paradis étant un lieu dont on doit sortir, ne trouvent rien d'autre comme punition que d'en créer de toute pièce sur terre. Enfermer, dans un « paradis », est donc rigoureusement opposé à l'action du dieu qui, lui, fait sortir. Le jour où nous comprendrons que la parole créatrice, en nous menant hors du paradis, accomplit un dernier acte d'amour, qui est aussi le premier de l'avènement de l'homme-dieu, nous serons sur la bonne voie. Le récit ancien fait de la sortie de l'Eden la première bénédiction, la naissance. La tentation n'est pas que l'homme se prenne pour Dieu, c'est qu'il ne croit pas en sa propre divinité.

Sortir du paradigme punitif apparait peut-être comme une entreprise insensée, irresponsable, voire dangereuse. Quantité d'arguments se pressent pour dissuader quiconque de se lancer dans une aventure dont rien ne prouve qu'il sortira indemne. Aucun impétrant pour valider cette théorie qui va contre le bon sens. Pourtant, quand Badinter œuvre, contre vents et marées, pour l'abolition de la peine de mort, il est loin d'être soutenu par la majorité ; quand Gandhi met en route le mouvement non violent qui boutera les Anglais hors de son pays, il n'a pour lui que la force de sa foi ; quand les pères fondateurs de l'Europe, au lendemain des massacres de la Seconde Guerre mondiale, mettent en chantier la réconciliation, ils doivent aller contre le ressentiment d'un grand nombre. Ainsi en est-il des grands changements, qui témoignent de la dialectique entre pesanteur et grâce, selon l'expression de Simone Weill, et qui témoignent de ce que rien n'est impossible à celui qui y croit. Et croire en qui si ce n'est en l'homme lui-même ? Marcher vers moins de violence suppose garder ouverts ses yeux d'enfant, qui regardent et disent : « papa, pourquoi te bats-tu ? »

L'écoute légitime et indispensable des victimes, la compréhension de leurs souffrances, la réparation de leurs lésions ne peut se faire que si l'on réalise comme Michelet, au sortir de déportation, que « la vengeance, la rancune m'apparaissaient comme inutiles et funestes »[304].

Le puissant qui légitime la violence espère plus que tous que son action viendra à bout de ce qu'il considère comme un dysfonctionnement. Pour le puissant, celui qui ne suit pas ses thèses, celui qui utilise la violence, celui qui, tout simplement, parle, est dangereux et le salut public passe par son élimination. Toutes les prisons sont peuplées de ceux qui, de quelque manière que ce soit, ont exprimé une voix autre. Par le monde, les prisonniers dits politiques sont nombreux, mais il n'y a pas de différence entre ceux que l'on appellerait « droit commun » et les autres. Dès lors qu'autrui fait peur, on cherche à le mettre à part pour le tuer. Et l'on tue de toutes les manières. Avec des « gaz appropriés »[305], avec des fusils, des guillotines, des mauvais traitements infiniment variés ou, plus proprement, avec des psychotropes, de l'ennui distillé à toutes petites doses sur des années, de l'humiliation.

Pourquoi donc aurions-nous peur ? Si ce n'est de nous-mêmes…

- « J'ai revu l'ange et il m'a parlé
- Et il t'a dit quoi ?
- De ne jamais avoir peur.
- J'aimerais bien voir ça… »[306]

---

[304] Michelet E Rue de la liberté, livre de vie 1955 p 215
[305] Carrel A l'homme cet inconnu, Plon 1939 p 388
[306] Ricard, Marie, L'ange qui pleurait Editions St Léger 2016 p 33

Table

SCIENCES HUMAINES ET SOCIALES, LETTRES AUX ÉDITIONS L'HARMATTAN

Dernières parutions

LA CUISINE CAMEROUNAISE
Mots, pratiques et patrimoine
Téguia Bogni
Sous la direction de - Préface de Bruno Gain (ancien ambassadeur de France au Cameroun)
Cet ouvrage est une compilation de sept travaux de chercheurs se réclamant des disciplines ci-après : linguistique, sociologie, histoire, didactique et littérature. Certains travaux abordent des questions épistémologiques et théoriques, lesquelles ouvrent des pistes sur des sentiers encore inexplorés de la recherche en food studies au Cameroun. Toutes les études présentent la cuisine camerounaise comme une richesse méconnue dont les peuples qui la possèdent devraient, en premier, tirer profit. Ces travaux traitent donc des questions relatives à l'alimentation en sciences sociales
(Coll. Études Eurafricaines, 210 p., 22,5 euros)
ISBN : 978-2-343-16708-4, EAN EBOOK : 9782140115066

GASSAMA COEUR-DE-LION
Le courage et l''héroïsme d'un migrant
Joseph Ndzomo-Molé
En observant Mamoudou Gassama, jeune Malien immigré clandestin à Paris, escaladant un immeuble pour sauver un petit Français suspendu au quatrième étage et passant subitement, grâce à cet acte héroïque, du statut de quidam à celui d'une célébrité reçue par des chefs d'états, on est amené à réfléchir sur le courage, l'héroïsme et le phénomène migratoire en Europe, qui est sans doute un signe des temps de la mondialisation. L'auteur propose l'organisation de sommets sur la migration : à l'échelle de l'Afrique, qui perd en cerveaux et en bras rentabilisables pour son propre compte et à l'échelle de l'Europe, grande plaignante.
(Coll. Points de vue, 104 p., 12,5 euros)
ISBN : 978-2-343-16071-9, EAN EBOOK : 9782140114977

ITINÉRAIRE D'UN TRANSCLASSE
Au centre de la marge
Nicolas Balutet
Les sociologues Pierre Bourdieu et Jean-Claude Passeron parlent ainsi d' « acculturation » pour caractériser l'acquisition de la culture dans le cas des fils d'agriculteurs, d'ouvriers, d'employés ou de petits commerçants. Loin d'être naturel, cet apprentissage relève d'une véritable « conquête ». C'est l'histoire de cette conquête semée de doutes, de difficultés mais aussi de grands bonheurs et de rencontres qu'entend retracer cet ouvrage qui éclaire d'un jour nouveau les goûts esthétiques et

les préoccupations épistémologiques d'un « transclasse », aujourd'hui spécialiste des études sur les identités en Amérique hispanique. Situés « au centre de la marge », les travaux de Nicolas Balutet s'appesantissent non seulement sur des questions liées à des individus discriminés en raison de leur genre, de leur préférence sexuelle, de leur ethnie, etc., mais s'appuient également parfois sur des corpus dépréciés.

(Coll. Homotextualités, 168 p., 18 euros)

ISBN : 978-2-343-16738-1, EAN EBOOK : 9782140115059

DE L'UNIVERS ÉTERNEL À L'ÉTERNITÉ DE L'HOMME

Jean-Jack Micalef

Cet ouvrage retrace l'odyssée de l'univers et celle du devenir de l'Esprit incarné dans l'homme. L'auteur postule un univers éternel n'ayant jamais fait l'objet d'une création. Il s'oppose à la cosmologie du Big Bang qui s'inscrirait dans la tradition religieuse d'une genèse du monde. Un univers éternel permet de penser l'essence éternelle de l'homme dont la naissance ne serait plus exceptionnelle dans le cosmos. En effet, le sens général de l'évolution aurait une seule finalité : accoucher de l'Esprit pour que l'univers se comprenne lui-même à travers l'esprit de l'homme.

(Coll. Ouverture Philosophique, 230 p., 24,5 euros)

ISBN : 978-2-343-16813-5, EAN EBOOK : 9782140115073

AUGUSTE COMTE

La religion de l'Humanité : l'échec d'une transmission

Florian Uzan

Auguste Comte fut un grand philosophe, concepteur de la sociologie, du positivisme et de la théorie des trois états. On oublie cependant qu'il fut aussi à l'origine d'une religion personnelle, un culte des morts destiné à relier et rallier l'humanité tout entière. Mais que reste-t-il de son oeuvre ? Si son influence quasi mondiale n'est plus à démontrer, comment expliquer l'échec de sa religion ?

(Coll. Ouverture Philosophique, 288 p., 29 euros)

ISBN : 978-2-343-16499-1, EAN EBOOK : 9782140114533

MYTHE ET LITTÉRATURES AFRICAINES : LA MISE EN TEXTE DE L'IMAGINAIRE

Mamadou (Mauritanie) Diop, Mamadou Kalidou Ba

La variété et la richesse de la mythologie africaine suscitent toujours l'intérêt des mythologues, ethnologues et chercheurs en littérature. La vision commune des chercheurs a fini par établir que le mythe est une disposition mentale traduisant le besoin de restituer par une « forme simple » ou un « geste verbal » les origines sacrées. Les auteurs des différents articles de cet ouvrage interrogent, en partant de la labilité du mythe, les possibilités du pouvoir créatif et réflexif de l'imaginaire mythique revisité par les écrivains.

(Coll. Culture Africaine, 254 p., 26,5 euros)

ISBN : 978-2-343-16102-0, EAN EBOOK : 9782140112287

PARLONS BALTI

Au pays du K2 - Pakistan

Karim Khan Saka

Préface de Brigitte et Michel Grelaud

La langue balti est considérée comme l'ancienne forme de la langue tibétaine. Selon un sondage, le balti est parlé aujourd'hui par 770 000 personnes. En dehors du Tibet, on l'emploie dans trois provinces de la Chine (Xinjiang, Sichuan et Yunnan), au Bhoutan, au Népal et en Inde (Sikkim, Poraig, Ladakh). Au Baltistan, dans le nord du Pakistan, cette langue est parlée par une population de 400 000 personnes.

(Coll. Parlons, 166 p., 18 euros)

ISBN : 978-2-343-16962-0, EAN EBOOK : 9782140114960

LA PSYCHANALYSE

Les sources d'inspiration de Jacques Lacan du Parménide à Averroès

Stoïan Stoïanoff-Nenoff

Cet essai nous invite à revisiter plusieurs points de l'enseignement de Jacques Lacan que le psychanalyste a repris et développé à partir de certaines propositions d'auteurs anciens. Chemin faisant, on est en mesure de redessiner le noeud borroméen d'après son origine géographique. A l'instar de Porphyre, Lacan n'a-t-il pas rajeuni de vieux mythes en leur donnant une portée psychanalytique ?

(166 p., 18 euros)

ISBN : 978-2-343-15197-7, EAN EBOOK : 9782140114946

POURQUOI ENSEIGNER LES MÉDIAS ?

La pratique de la classe médias

Didier Le Galle

Préface de Jean-Michel Thénard

L'éducation aux médias est devenue un enjeu démocratique majeur dans un contexte politique où les valeurs de la République sont malmenées ; l'école ne doit pas rester spectatrice, mais devenir actrice des nouveaux enjeux républicains. Cet ouvrage invite le lecteur à réfléchir sur la place des médias, inventorie les possibilités offertes par l'Education nationale pour enseigner les médias et présente la mise en place d'une structure pédagogique innovante : la classe médias.

(Coll. Nouvelles pédagogies, 262 p., 27 euros)

ISBN : 978-2-343-15449-7, EAN EBOOK : 9782140114892

LA PRESSE CONGOLAISE DE FRANCE 1995-1997

Jerry Mpereng

Cet ouvrage est une étude monographique de la presse congolaise parue en France entre 1995 et 1997 dans la diaspora. Cette production journalistique est particulièrement riche en informations sur cette communauté en exil, mais elle révèle aussi un fonctionnement spécifique, du fait qu'elle évolue en dehors des circuits de fabrication et de distribution de la presse française. L'intérêt de ce livre réside donc dans l'analyse méthodique d'une source d'information.

(Coll. Études africaines, 108 p., 13 euros)

ISBN : 978-2-343-15285-1, EAN EBOOK : 9782140114557

LA PROBLÉMATIQUE DE "L'ENTRE-DEUX"

Dans les littératures des "intrangèr-es"

Ioana MARCU

En s'inscrivant dans la lignée de contributions qui ont renouvelé les questionnements soulevés par la littérature issue de l'immigration maghrébine, cette étude est une étape importante dans la normalisation du dialogue entre la « République mondiale des lettres » et les productions littéraires des « intrangers ». Tant par son étendue que par son érudition et sa profondeur, elle constitue un jalon remarquable dans le domaine des littératures et cultures francophones.

(Coll. Études transnationales, francophones et comparées, 348 p., 36 euros)

ISBN : 978-2-343-13870-1, EAN EBOOK : 9782140114045

CAPITALISME OU TECHNOCRATIE ?

Sociologie des transformations sociales et politiques contemporaines

Sous la direction de Simon Le Roulley et Mathieu Uhel

Au centre du débat proposé par cet ouvrage, une question : vivons-nous encore dans un régime caractérisé par les rapports sociaux capitalistes ? Ou sommes-nous passés vers un mode de production technocratique ? Mêlant enquêtes thématiques sur différents champs (enseignement supérieur, industrie pharmaceutique, urbanisme, filière nucléaire), focus sur des secteurs clés (métropoles, Caisse des Dépôts et Consignations, CAC40, EDF, SNCF et Association Française des Entreprises Privées) et débats théoriques sur le mode de production, les contributions réunies ici tentent d'apporter des ouvertures sur une question sociale et politique au coeur de notre époque.

(Coll. Sociologies et Environnement, 230 p., 24,5 euros)

ISBN : 978-2-343-15772-6, EAN EBOOK : 9782140114717

BAUDELAIRE ET LA VÉRITÉ POÉTIQUE

Régine Foloppe

Quelle force de vérité accorder à la poésie ? Apparemment aucune selon Baudelaire. C'est pourtant lui qui assure le passage décisif vers une poésie qui remet en question ses fondements, son devenir, sa nécessité, une poésie qui exige d'être sans cesse perception à valeur existentielle. La réflexivité poétique qui s'exerce entre apparence et tréfonds de l'homme exacerbe le poétique et le menace. Où, quand, comment et vers quoi se joue le vrai du poème ? Pourquoi cette oeuvre pose-t-elle les enjeux de la modernité ? Se débattant contre tout Idéal absolu, la poétique baudelairienne désire la liberté incarnée et douloureuse de l'artiste, de l'humain.

(458 p., 42 euros)

ISBN : 978-2-343-15764-1, EAN EBOOK : 9782140114403

Structures éditoriales du groupe L'Harmattan

L'Harmattan Italie
Via degli Artisti, 15
10124 Torino
harmattan.italia@gmail.com

L'Harmattan Hongrie
Kossuth l. u. 14-16.
1053 Budapest
harmattan@harmattan.hu

L'Harmattan Sénégal
10 VDN en face Mermoz
BP 45034 Dakar-Fann
senharmattan@gmail.com

L'Harmattan Cameroun
TSINGA/FECAFOOT
BP 11486 Yaoundé
inkoukam@gmail.com

L'Harmattan Burkina Faso
Achille Somé – tengnule@hotmail.fr

L'Harmattan Guinée
Almamya, rue KA 028 OKB Agency
BP 3470 Conakry
harmattanguinee@yahoo.fr

L'Harmattan RDC
185, avenue Nyangwe
Commune de Lingwala – Kinshasa
matangilamusadila@yahoo.fr

L'Harmattan Congo
67, boulevard Denis-Sassou-N'Guesso
BP 2874 Brazzaville
harmattan.congo@yahoo.fr

L'Harmattan Mali
Sirakoro-Meguetana V31
Bamako
syllaka@yahoo.fr

L'Harmattan Togo
Djidjole – Lomé
Maison Amela
face EPP BATOME
ddamela@aol.com

L'Harmattan Côte d'Ivoire
Résidence Karl – Cité des Arts
Abidjan-Cocody
03 BP 1588 Abidjan
espace_harmattan.ci@hotmail.fr

L'Harmattan Algérie
22, rue Moulay-Mohamed
31000 Oran
info2@harmattan-algerie.com

L'Harmattan Maroc
5, rue Ferrane-Kouicha, Talaâ-Elkbira
Chrableyine, Fès-Médine
30000 Fès
harmattan.maroc@gmail.com

Nos librairies en France

Librairie internationale
16, rue des Écoles – 75005 Paris
librairie.internationale@harmattan.fr
01 40 46 79 11
www.librairieharmattan.com

Librairie l'Espace Harmattan
21 bis, rue des Écoles – 75005 Paris
librairie.espace@harmattan.fr
01 43 29 49 42

Lib. sciences humaines & histoire
21, rue des Écoles – 75005 Paris
librairie.sh@harmattan.fr
01 46 34 13 71
www.librairieharmattansh.com

Lib. Méditerranée & Moyen-Orient
7, rue des Carmes – 75005 Paris
librairie.mediterranee@harmattan.fr
01 43 29 71 15

Librairie Le Lucernaire
53, rue Notre-Dame-des-Champs – 75006 Paris
librairie@lucernaire.fr
01 42 22 67 13

www.ingramcontent.com/pod-product-compliance
Lightning Source LLC
LaVergne TN
LVHW010921061026
849535LV00007B/2175